フリーランスがずっと安定して稼ぎ続ける47の方法

山田竜也

日本実業出版社

フリーランスがずっと安定して稼ぎ続ける47の方法

プロローグ

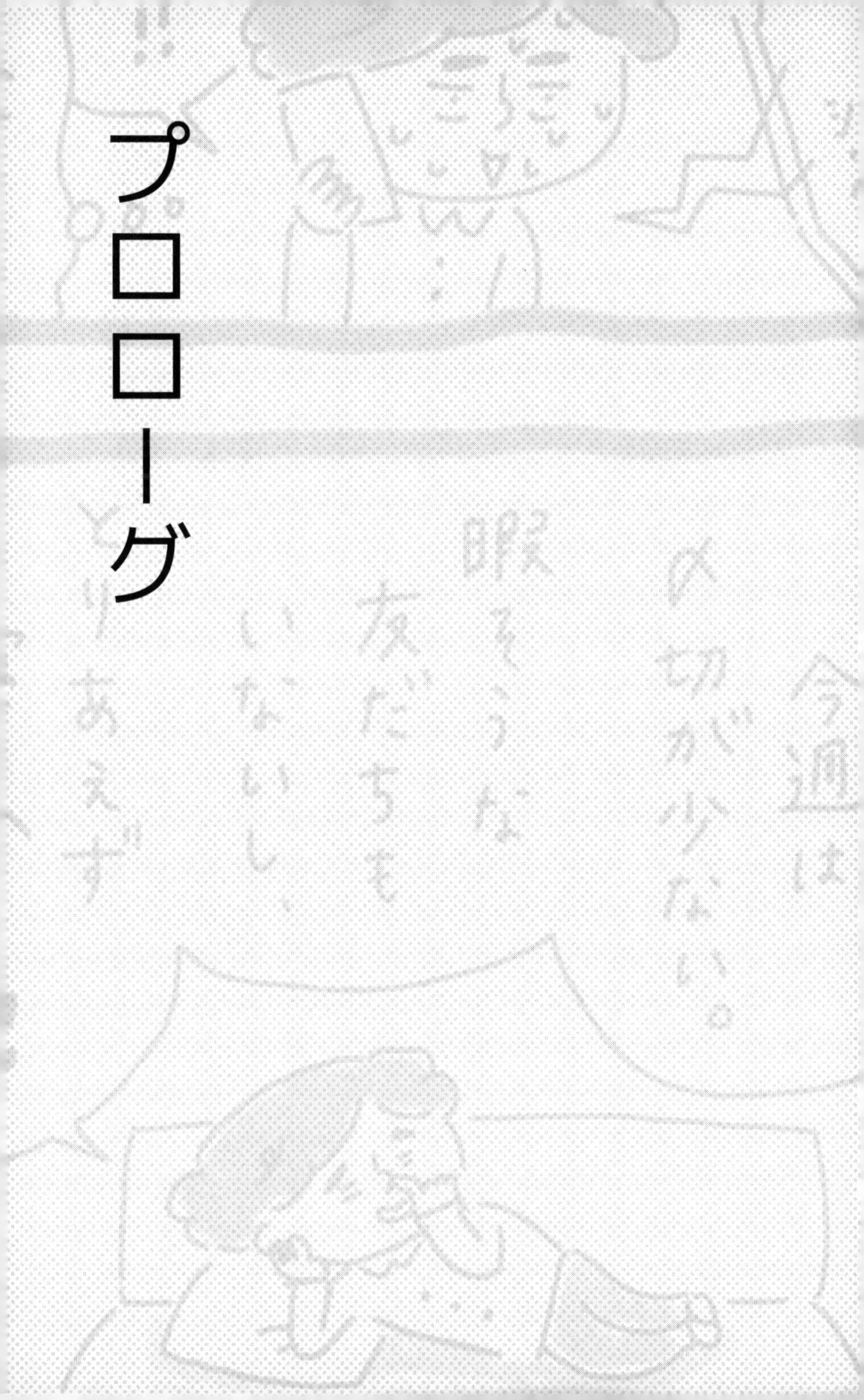

no. 1

「幸せなフリーランス」と「不幸なフリーランス」は紙一重

「会社や組織に所属せずに活躍するフリーランス」。あなたはどんなイメージを持っていますか？

「自分のスキルを活かして、高い報酬をもらいながらバリバリ稼ぐ」「好きなときに仕事をして生計を立て、自由な時間を楽しめる」。そんな幸せなイメージを持っているでしょうか？

それとも、「来月いくら振り込まれるかもわからず不安に追われる」「日々お客様からの仕事の電話と納期に追い立てられながらも、収入が少ない」。そんな大変そうなイメージでしょうか？

私はこれまで10年間のフリーランス人生で、このすべてを体験してきました。

早朝から夜中まで働いているのに、どんどん銀行の口座からお金がなくなっていき、破産寸前になったこともあります。

逆に、1日2時間くらい働いたら、やることがなくなってしまう仕事量にもかかわらず、生活に困らない収入が入ってくる生活も体験しました。

フリーランスになる前は、小さな会社でのサラリーマン経験しかありませんでした。大きな会社のコネもなく、独立後は会社員時代に身につけたスキルとは違う分野で、ノウハウなしでフリーランスをはじめました。

おかげでとんでもない苦労をする羽目になったのですが、今ではフリーランスとして稼ぐための仕組みが身につき、おそらく**「一生仕事に困らない」**と思えるようになりました。

そんな経験から「幸せなフリーランス」と「不幸なフリーランス」の違いは紙一重だと感じています。「幸せなフリーランス」になるには、次に説明する**3つの自由**をいかにコントロールできるかにかかっています。

「時間」「仕事の裁量」「収入」を自らコントロールできる

フリーランスは、その言葉から「自由（フリー）」というイメージがありますが、自由とはいったい何でしょうか？

私はフリーランスが持つ自由は、次の3種類が存在すると考えています。

- **時間の自由**
- **仕事の裁量の自由**
- **収入の自由**

会社員よりもこの3つの自由をコントロールしやすいところに、フリーランスの優位性があります。

フリーランスは好きな「時間」に仕事ができる

まず、フリーランスは、会社員と「時間の自由度」が違います。

会社員だと、おそらく基本的には、毎日同じ時間に通勤しないといけません（せいぜいあっても、コアタイムが決められ、その時間内に出社するフレックスタイム制度くらいでしょうか）。しかも都心だと、通勤ラッシュの満員電車が待っています。

通勤ラッシュの電車には、寝不足でイライラしている人や、ちょっとしたことで言い争いをしている人たちも少なくありません。仕事に疲れて、死んだような目をした会社員の方を見かけることもあります。

あの殺伐《さつばつ》とした満員電車を想像して、毎朝のように気持ちが暗くなる人も多いのではないでしょうか。私も会社員時代、「いつ会社を辞めようかな？」と通勤中によく考えていました。

ところが、フリーランスになれば、**好きな時間に仕事ができる**ので、当然満員電車に乗らなくてもいいんです。

また、**好きな時間に仕事を区切る**こともできます。

私には、医療的ケア児の幼い子どもがいます。先日、日中は病院に子どもを連れて行き、帰宅して16時から1時間ほど仮眠をとり、外出して17〜22時まで仕事をしました。その際も、「半休を取りたい」と上司に許可を取る必要さえありません。しかも、育児に参加できるので、妻から感謝されるというおまけ付きです。

フリーランスは「一緒に働く人」を選べる

フリーランスだと、「好きな人とだけ仕事ができたら……」「お気に入りのカフェで仕事をしたい」なんていう思いも実現が可能です。フリーランスは、仕事の裁量を自らで決められるからです。

会社員は、一緒に働く人を選ぶことができません。「あの上司は苦手なんだよね」と思っても、「上司を変えてください！」なんて口が裂けてもいえませんよね。

しかも、仕事を断ったら、社内での評価や人間関係に影響が出ます。会社にいづらくなれば、転職を考えて精神的に追い込まれる人もいるほどです。

ところが、フリーランスは**「一緒に働く人」を選ぶことができる**ので、断りたいときは、「スケジュールが立て込んでいて難しい」といえば角が立ちません。

また、**「働く場所」を選べる**ことも、フリーランスの大きな魅力です。

今はＩＴ器機が発達したので、世界中のどこにいてもクラウドツールを使って仕事ができます。旅先やカフェで作業をしているフリーランスもよく見かけるようになりました。ちなみに、いろいろな場所で仕事をするワークスタイルは、「ノマドワーキング（略して、ノマド）」と呼ばれています。

私は、結婚して子どもが生まれる前は、気晴らしに京都などをぶらぶら旅行しつつ仕事をこなしていました。

私自身は、あまり都心から動きたくない引きこもりタイプですが、なかには「日本中や世界中を動き回りながら自由に仕事をしたい」という方もいるでしょう。そんな夢も、フリーランスだと実現しやすくなります。

フリーランスは「収入」を自由にコントロールできる

フリーランスの働き方は努力が収入に反映されやすく、「自分の実力に応じた報酬がほしい」という人にとっては、そんな思いも実現できる可能性があります。

フリーランスの収入は、スキルや仕事時間に比例しやすい傾向があります。たとえば、Web記事をバズらせる（＝インターネット上で爆発的に多くの人に取り上げられる）スキルのあるライターは、お客様から高い報酬で仕事がきたりします。人気のイラストレーターだったら、1点イラストを描いただけで何十万円という報酬になったりもします。

ところが会社員だと、そうはいきません。「年功序列＋成果」で給与を支払う会社も多いので、会社員は必ずしも、実力だけでそれに相応する給与をもらえるわけではないからです。

どんなにがんばってスキルを磨いても、自分はハードワークばかりでも、「同期入社だから」という理由で、隣のデスクでのんびり仕事をしている人と給料が同じになることだってあります。

会社員の場合、勤め先や上司によっては、一定の希望を通してくれることもありますが、どうしても選べる仕事の自由度は低くなり、やりたくない仕事や相性の悪い仕事にあたると、仕事の成長スピードが遅くなります。

フリーランスがやりたい仕事を選べる、成果が収入に反映されやすいということは、仕事の成長スピードの速さにもつながります。意識的に、成長できそうな仕事を選択していけば、スキルも実績もどんどん身についていくはずです。

また、**所得を分散できることも、フリーランスならではです。**

会社員は副業を禁止されていることが多く、その場合、収入源は1つしかありません。それなのに、予想外の出来事が起きて、たとえば会社が倒産したとか仕事をクビになったとかいうことになれば、いきなり収入はゼロです。

ところが、フリーランスになれば、**収入源を複数得ることができます**。実際に私は、いろいろなニーズに対応できるようにしており、売上が複合的です。私の専門分野は「Web マーケティング」になるのですが、主力事業の「Web マーケティングのコンサルティング」や「Web 広告の運用・メンテナンス」の収入についても、常時複数社のお客様がいます。入れ変わりはあるものの、継続的に仕事の依頼がきています。

その他にも、「書籍の印税」「セミナー講師の収入」「Web メディア運用の広告収入」「イベント売上」「投資による収入」など複数の収入が入るよう工夫しています。

そのように、個人として複合的に働くことは「複業家」といわれています。

また、世界的なベストセラーになっている『LIFE SHIFT』（リンダ・グラットン、アンドリュー・スコット／池村千秋訳／東洋経済新報社）では、資産運用の分散投資になぞらえて、「ポートフォリオワーカー」と表現されています（私は昔から勝手に、このような働き方を「ネオフリーランス」と呼んでいました）。

複業家になれば、たとえば取引先が倒産するなど、何かあったときも急に収入がゼロにはなるということはありません。

しかも、「夫（または妻）が転勤になった」など家族の都合で、今とは違う土地で働かないといけなくなったという場合も、会社員とは選択肢の数が違います。

たとえば、複数ある収入源となる仕事のうち、いくつかを遠隔でも引き受けられる仕事にしておけば、引っ越し先でも仕事を続けることができます。

そんなふうに、「いつか、こんなことが起こりそう」といった未来のライフプランを予想して、仕事のバリエーションを持っていれば、収入の量と質は圧倒的に自由度が高くなるのです。

「時間」「仕事の裁量」「収入」どれが大切か数値化しよう

ここまでを見ると、フリーランスは自由だらけの素晴らしい立場に感じてしまうかもしれませんが、決してそうではありません。この3つの自由はある程度は、トレードオフ（何かを達成するために、別の何かを犠牲にしなければいけない関係）です。

・時間の自由（文字通りの自由時間、もしくは時間の区切り）
・仕事の裁量の自由（仕事のコントロールのしやすさ）
・収入の自由（成果を収入に反映しやすい、所得の分散）

この3つの自由のうち、どれをどのくらい大切にしたいか、持ち点が10点だとして、振り分けてみてください。

たとえば、私の場合は次のようになります。

・時間の自由　2
・仕事の裁量の自由　4
・収入の自由　4

私は、多少忙しくてもよいので、「収入」と「仕事」の自由を重視したライフスタイルを望んでいるため、左ページのグラフのようになります。

フリーランスの3つの「自由」をもとにした、
著者の場合の割合

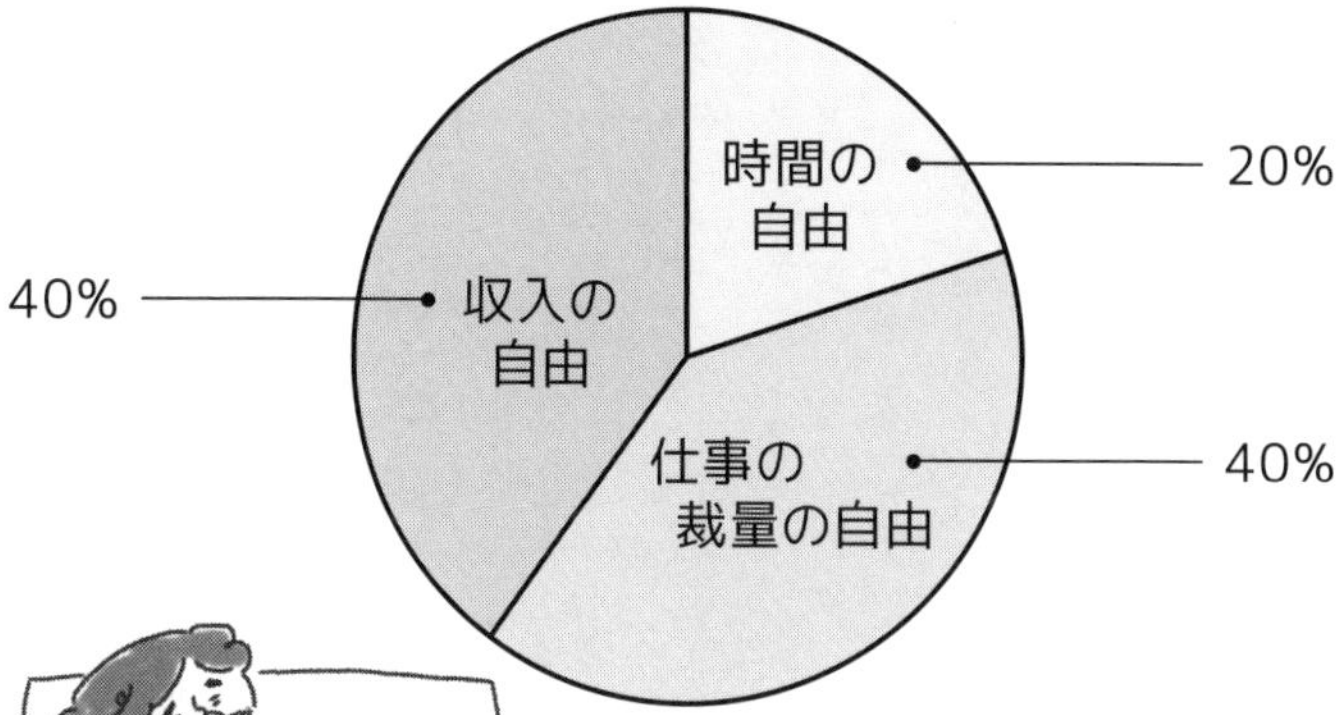

フリーランスになるのは、「人生の選択」

フリーランスとして働くうえで、まず「自分にとっての幸せとは何だろう？」と考えてみてください。それを自覚していれば、これらの3つの自由のうち、どれを重視すべきかがわかってきます。

たとえば、「時間よりも、とにかくもっとお金がほしい」と収入を重視する人もいれば、「子育てと仕事を両立したい」と時間の自由を重視する人もいます。

フリーランスとは「どんな人生を生きたいか？」を選択することでもあるので

す。自分にとっての幸せを考えたうえで、3つの自由のうち、自分の選択に合ったものをコントロールできる人は幸せになれるでしょう。

フリーランスのデメリットは「保障」がないこと

フリーランスにはメリットがある反面、デメリットもあります。

よくいわれるのは、会社に属していないので、さまざまな面で**「保障」がない**ことです。今月は仕事があったとしても、来月は仕事がこなくなることだってあります。トラブルが起きたとき、誰も守ってくれません。

また、**社会的信用が低い**ことも、特徴の1つです。よく驚かれるのですが、私はここ数年、年収1000万円を超える働き方をしていますが、「フリーランス」というだけで、いまだに銀行口座の審査に落ちたことがあります。

自己管理ができないと、メリットがデメリットに変わる

自己管理ができないフリーランスは、メリットがデメリットに変わっていきます。たとえば、仕事内容や働く人を選べるはずが、依頼された仕事をやみくもに引き受ければ、低賃金で夜中も延々と働き続ける、なんてことになる可能性もあります。そうなれば、「ブラックな仕事環境で働き続けているのに収入が低い」という、会社員よりも劣悪な状態に陥りかねません。

なかにはクライアント先に赴いて仕事をする「常駐型フリーランス」の人もいますが、仕事の裁量をコントロールしづらくなるので、私は選択していません。

つまり、**フリーランスとしてのメリットを活かして成功すれば、会社員よりも幸せになれますが、メリットを活かしきれずに失敗すれば、会社員よりも不幸になるのです。**

しかも、幸せになるための要素をコントロールできなかったのは自分自身なので、

「会社や上司のせい」ともいえず、何ともいえない理不尽さがつきまといます。

だからこそ、**自分の価値観に沿って働き方を選択し、無理なく安定して稼ぎ続けられることがフリーランスとしての幸せにつながります。**この本では、これからそのための方法を紹介していきます。

自ら望まずに「消極的な理由」でフリーランスになる人も

フリーランスになれば、いろいろなメリットが手に入りますが、たとえば大きなプロジェクトの予算組みの権限がある仕事などの多くは会社員でないと経験できません。また、病気になっても、ある程度守られるのも会社員の特権です。

しかし、日本の会社員は基本的に、肉体や精神が頑強で、家族関係にも問題がなく、男性に有利な仕組みになっている、と私は考えています。そのような仕組みに乗れない人は、会社員を続けることだけでも大変です。

たとえば日本の場合、育児に専念する女性はキャリアが途切れやすくなりますし

（これは本当に残念です）、親の介護が必要な人はフルタイムで働くことが難しくなります。他にも、病気で自宅療養しなければいけないとか、上司とモメて退職する人だっています。さらに、会社員は全員、最終的に定年退職を迎えます。

会社員時代にスキルを積んで計画的に独立する「積極的な理由」でフリーランスになった人がいる一方で、何らかの事情があって「消極的な理由」でフリーランスになった人もいるのです。

私がフリーランスになったのも、じつは消極的な理由でした。

大学を卒業したあと、大阪にある社員数10名以下のＩＴ系のシステム開発会社で、正社員の公共系システムエンジニアとして働きはじめました。

当時勤務していた会社は、下請け中心だったこともあり、終電ギリギリまで働くことも多く、労働環境的に恵まれていたわけではありません。

そんな環境に加えて、エンジニアという仕事にあまり適性を感じることができず、辞めどきを考えるようになったのです（とはいえ、上司や同僚は人間的に素晴らしい方も多く、未熟な自分を雇っていただいたことは、今でも感謝しています）。

そして、会社にそれほど未練を感じることなく、「辞めたら何かあるだろう」と何かがありそうなところに向かって、会社員を辞めることにしました（ところが、この向こう見ずな行動によって、独立後、地獄を見ることになるのですが……）。

それからフリーランスとして働き続けて、今年で10年目を迎えます。現在は、時間や収入を自由にコントロールできる、フリーランスの働き方が気に入っています。自分の話をすると長くなりそうなので、これくらいにして。

いずれにせよ、積極的にフリーランスになったか、消極的になったかにかかわらず、私がフリーランスになって感じたのは、**幸せになるには「働きやすい生き方」を自ら選んでいかなければならない**ということです。

この本を手に取ってくださった方には、ぜひ自分の人生の小さな革命家になってほしいと願っております。

目次

第2章 仕事が途切れない集客術

第3章 ストレスなく安定して稼ぎ続けるための仕事術

第4章 お金の不安をなくすために、これだけは知っておこう

装丁　杉山健太郎
構成　流石香織
DTP　アイ・ハブ

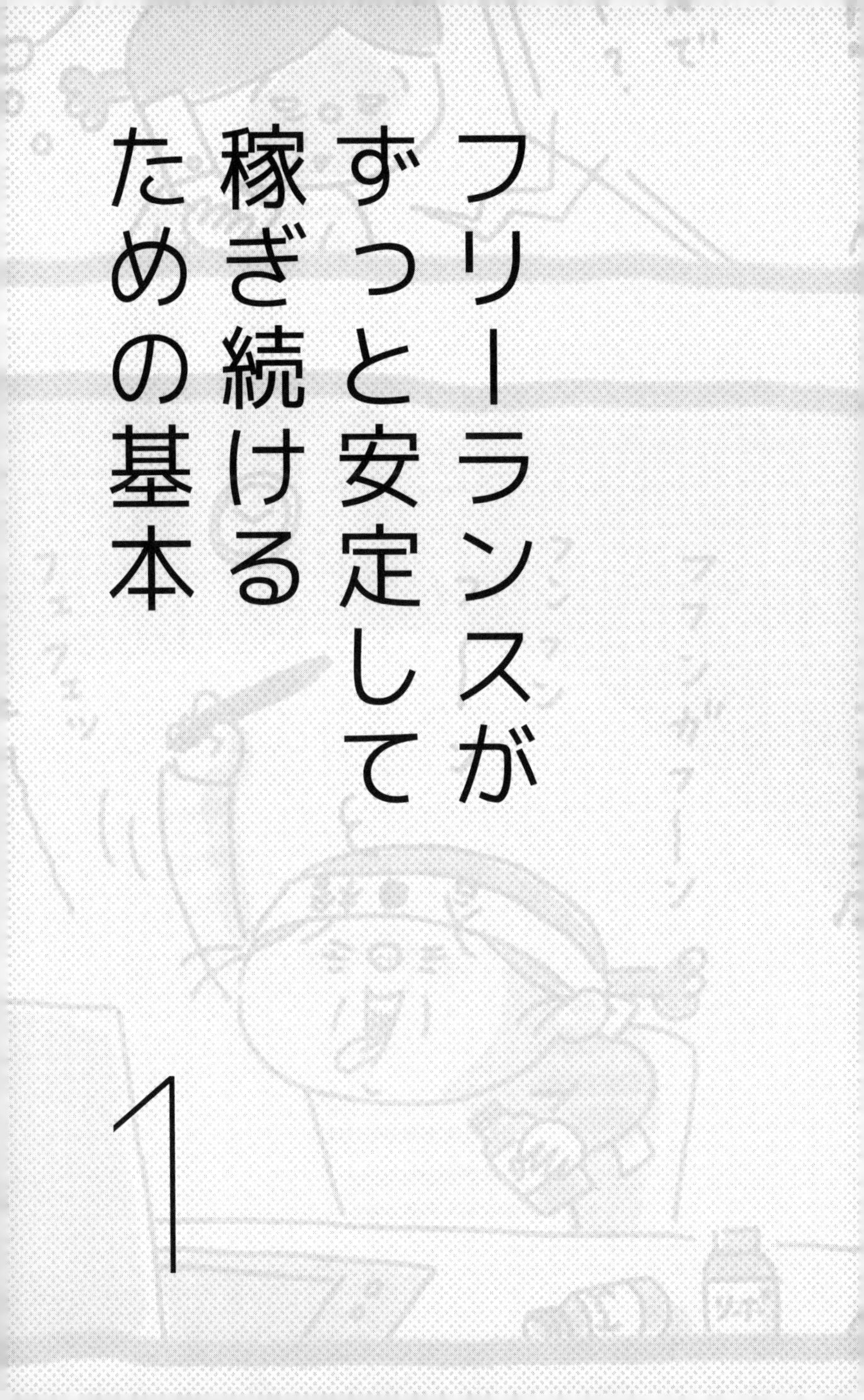

1

フリーランスがずっと安定して稼ぎ続けるための基本

no. 2

その他大勢に埋もれない「3つの特徴」をつくろう

3つの特徴で「売り」をつくる

フリーランスになっていちばん最初に考えなくてはいけないのは、**「自分が何者であるか」**です。

大勢のフリーランスに埋もれるのではなく、お客様に「あなたに仕事を出したい（しかも高値で）」と思ってもらうためには、際立った強みをつくらなくてはいけません。とくにこれからの時代、安定して稼ぎ続けるには、**自分の希少性を高めていく**必要があります。

自分に希少性がなければ、「誰でもいい仕事」ばかり頼まれることになります。しかも、その誰でもいい仕事は、ＡＩ（人工知能）によって機械でもできたり、海外からやってきた労働者のほうが安い給料でできたりと、どんどん仕事を奪われていくでしょう。

ではどうすれば、自分の希少性を、より高めることができるのでしょうか？　それは、**複数の特徴をかけ合わせた「売り」を持つことです。**

たとえば、「ライター」と名乗る人は珍しくありません。しかし、「ビジネス系のライティングに強い」というと少し絞られてきます。さらに、「これまで１０００名以上の経営者にインタビューをしてきた」となれば、希少価値が大幅に高くなります。

このように、複数の特徴をかけ合わせることで、希少価値の高い人になり、代わりのいない存在として仕事がやってくるのです。

そこで、フリーランスとして稼ぐために、自分の「売り」を３つの特徴から考えていきましょう。

1つ目の特徴は**「職業」**です。ここには、「ライター」や「イラストレーター」など、ふだん名乗っている職業が入ります。私の場合は「マーケター」です。

しかし、たとえば「ライター」と名乗る人はたくさんいますし、「何の分野に特化している人か？」を伝えないと、お客様もどんな発注をしたらいいのかわかりません。

そこで、2つ目の**「ジャンル」**で絞り込みます。ライターやイラストレーターであれば、「Web系」や「出版系」など、マーケターであれば、「Web広告」「検索エンジン対策」「コピーライティング」など技術面での深掘りとなります。

さらに、3つ目の**「専門分野・得意分野」**で手がけている仕事の方向性を絞り込みます。ライターであれば「旅行記事」や「グルメ記事」、イラストレーターであれば「女性のライフスタイルのイラスト」や「動物のイラスト」などです。

こうやって特徴を絞り込んでいけば、縦に深掘りした「ジャンル」、横展開の「専門分野・得意分野」で他のフリーランスと差別化できます。

すると、「この人はライターで、Web媒体を専門にしていて、旅行記事を書いている」というようにお客様が理解しやすくなります。また、「何が得意なのか？」が伝わりやすいので、漠然とした依頼がくることも少なくなるでしょう。

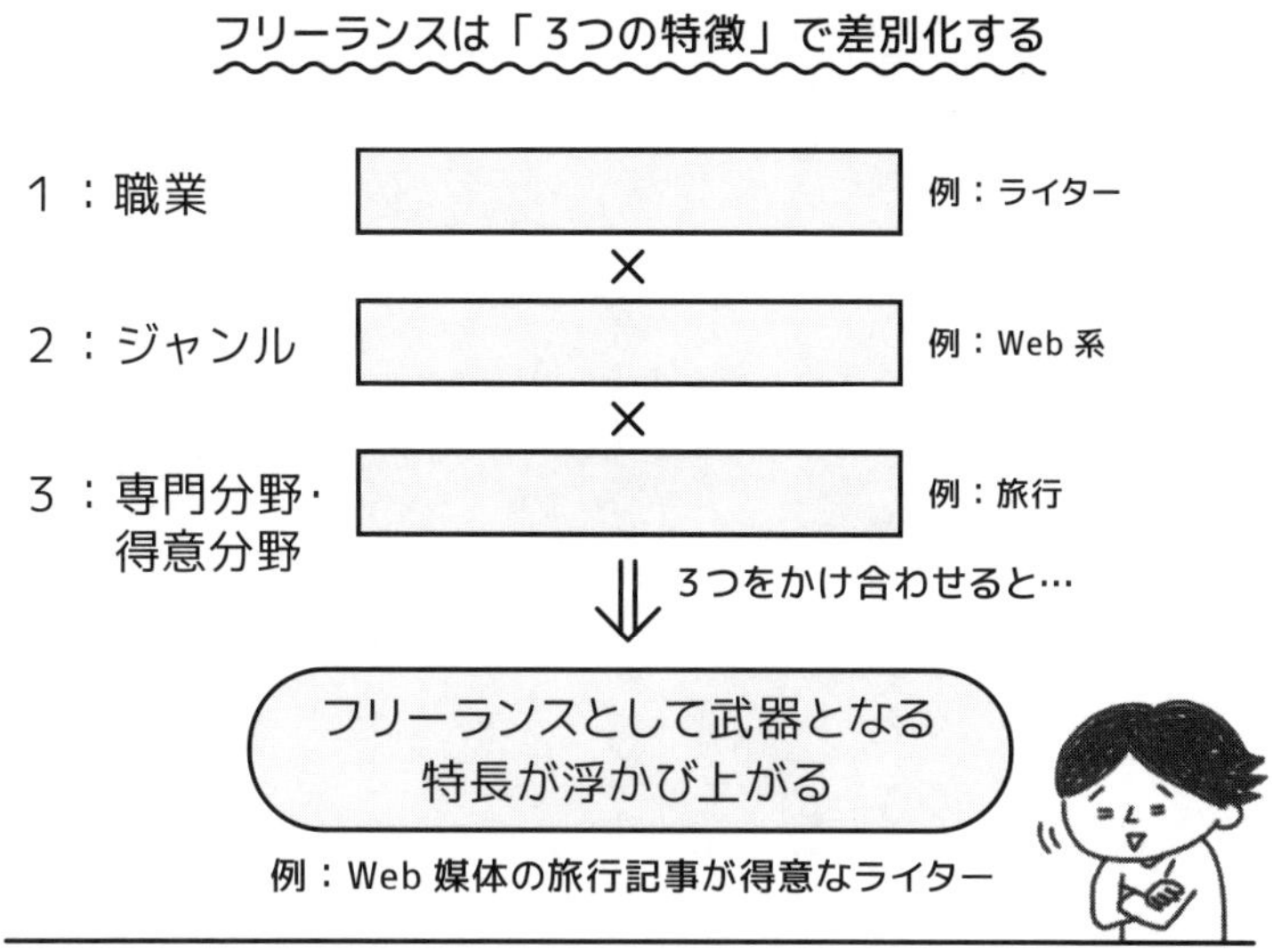

専門知識がないと対応できないような仕事であれば、お客様が「専門知識に詳しいあなたに、どうしても依頼したい！」と思ってくれる可能性もあります。

しかも、絞り込みのレベルを2段階にしているので、「Web媒体の旅行系が得意なら、Web媒体のグルメ記事もお願いできるかもしれない」とお客様に思ってもらいやすくなります。このかけ合わせは、つくれるのであれば、2つといわずにいくつでもOKです。

得意分野は「自分のなかで平均よりも上のこと」でＯＫ

自分がやりたい理想の仕事ができるようにと、得意分野を絞り込んだけれど、現実の自分はまったくそれに追いついていない、ということもあるかもしれません。

それゆえ、「３つの特徴」はフリーランスとして働きながら決めてもよいと思います。また、仕事で経験を積み重ねるほど、より得意になっていくものです。

しかし、ある程度こなせる仕事を見つけても、「これを得意といってもいいの？」と悩む人がいるかもしれません。**「自分の中で平均よりも上」のレベルでこなせる仕事だと感じていたら、得意分野としてＯＫだと私は思っています。**

実際に私自身、フリーランスになった最初の頃に自分の得意分野としていた「セカンドライフ（３ＤＣＧで構成されたインターネット上に存在する仮想世界）」のマーケティング事業がブームの終わりとともになくなってしまい、「自分には何ができるんだろう？」と迷走していた時期がありました。

そのとき、「ホームページの制作やブログの執筆ができるし、知人の会社のWebページのアドバイスもしたことがある。あとはWeb広告を勉強すれば、Webマーケティングの仕事ができるかもしれない」と考え、今の仕事であるWebマーケティングの勉強をはじめたのです。

すると、Web集客の仕事を取ることができて、最初は拙《つたな》かったものの徐々にスキルが上がっていき、今では「これが得意分野だ」と胸を張っていえるまでになりました。

王道から外れている人こそ、「3つの特徴」を打ち出してから

フリーランスには「成功するための王道」があります。その王道とは、有名大学を出て、フリーランス向きの大企業（「ベネッセコーポレーション」や「リクルート」が有名）で5～10年くらい正社員として働き、スキルと人脈をしっかりと身につけたあとに独立するというものです。

そうすれば、退職した会社から仕事をもらうことができますし、会社員時代の人脈を頼りに仕事を取ることもできます。

フリーランスで成功するための不都合な真実として、「華々しいキャリアを持った人」は、圧倒的に有利という身もふたもない現実があります。いわば、王道を通ってフリーランスとして独立した人は、テレビゲームのドラクエ（ドラゴンクエスト）でたとえたら「武器」や「武装」を万全にした状態からスタートして戦えるのです。

私の場合は、会社員時代のスキルを活かすことなく独立しているので、普通にレベル1からはじまって「ひのきの棒」や「布の服」で戦っているようなものでした。しかも、方向性もなかなか決まらず、無駄に失敗と遠回りを繰り返すことになりました。しかし、そんな私でも、今では安定してフリーランスとして食べていけていますし、同じように王道を通らないで、生計を立てているフリーランスの方もたくさんいます。

この本を読んでいる人のなかには、「フリーランスになりたいのだけれど、会社はいつ辞めるべき？」ともんもんとしている人もいるかもしれません。そんな人も、フリーランスの不都合な真実に臆することなく、会社に辞表を出す前にまずは「3つの特徴」を模索してください。

苦手な案件で地雷を踏まない

得意分野がある一方で、「内容を理解しようとしたけれど、拒絶反応が出るくらいよくわからない……」「仕事のポイントがどこなのかわからない……」と感じる苦手な仕事もあるかもしれません。

世の中では、「好きなことを仕事にしよう！」とよくいわれますが、「苦手な仕事はしない」といわれたほうが現実味があるのではないでしょうか。

苦手な仕事は、得意なものと比べてどうしても時間がかかるので、労働単価（時給）が低くなります。それに「イヤだな～」と思いながら仕事をしていると、自分のスキルは上がりません。

もし、そうやって苦手な仕事ばかりしていたら、仕事の成長スピードも落ちていきます。それならば、そんな仕事はなるべくやらないほうがよいと私は思います（もちろん、何も仕事がないときは、苦手な仕事でも我慢して引き受けるしかありませんが）。

自分が、何が苦手かわからない人もたくさんいます。そんなときは、いろいろな仕事にチャレンジしてみて、「苦手だな」と感じる仕事を見つけていくしかありません。

たとえば、食わず嫌いしている食べ物があったとします。「たぶん好きな味ではない」と思って食べることを避け続ければ、いつまでも経っても「本当に苦手な食べ物かどうか」がわかりません。それと同じように、**苦手な仕事を見つけることも、実際に仕事をしてみないとわからないものです。**

「職業」×「ジャンル」×「専門分野・得意分野」で差別化して、希少性を高めよう

no. 3

あなたの売りに「ニーズ」はありますか？

仕事には「ニーズ」が必要

いくら3つの特徴で「売り」を絞り込んでも、そこに**「ニーズ」**がないと、仕事にはつながりません。

たとえば、フリーランスのカメラマンが、「業務用のカタログに載せる商品写真を撮ってほしい」というお客様からのリクエストに対し、いくら「アーティスティックな風景写真を撮ることができます！」とアピールをしても、仕事の発注はきません。

とくに、フリーランスをはじめたばかりのときは経験が少ないので、「どんな仕事にニーズがあるんだろう？」と悩むことが多いでしょう。そこで、まず**「同業種のフリーランスで稼いでいる人」をチェックしてみるのです。**

すると、たとえばライターだったら、「ライターだけじゃなくて、編集もできるライターのほうがニーズは高いんだな」などとお客様のニーズに気づけるかもしれません。

稼いでいる人のなかには、より多く報酬をもらえるように工夫している人もいます。ライターでも、単に文章を書くだけではなく、ディレクションもできることをアピールして、ディレクション料などをもらっている人もいます。駆け出しのフリーランスの頃は、そんなふうに稼いでいる人の工夫のしかたも参考になるでしょう。

また、**新しいマーケットにもニーズは潜《ひそ》んでいます。**「新しいマーケットは、市場規模が小さくて儲からないのでは？」と思われるかもしれません。たとえば、十数年前は、Webライターは紙媒体のライターに比べて、まったくといっていいほど評価されず単価も激安でした。

しかし、現在ではWebライターの評価も変わってきており、単価の高い仕事も出てきています。今後、そのニーズはさらに増えていくでしょう。

伸びている市場は空気感が前向きで、やりがいのある仕事も少なくありません。新しいマーケットは、確立されたプロフェッショナルがいないことが多いので、経験の少ないフリーランスでも発注してもらえる可能性があります。そこで実績を積んでいけば、市場が成長した頃には第一人者になっています。最初は自分には経験がほとんどないと、敬遠してしまうかもしれませんが、それは逆にチャンスなのです。

フリーランスになったばかりで、自分の専門分野がまだないようであれば、新しいマーケットでチャンスをつかんで、その分野を得意分野にするのもアリです。自分の売りとなるものを考えるとき、3つの特徴による「売り」の絞り込みだけではなく、世の中のニーズにも注目してみてください。

「オリジナルな存在」は意外と危ない

私はフリーランスになった当初、「売り」となる専門分野を持っていませんでした。

知人に、「ネット系の会社をつくろう」と誘われて、当時流行っていた「セカンドライフ」の制作・マーケティング事業をはじめました。

セカンドライフは当時流行っていたので、興味を持つ会社がたくさんありました。しかし、商品内容や価値を説明するのが大変で、成約したときはフォローの手間がかかります。

競合のいる商品であれば、「取引している今の会社に不満がある」と、お客様が他社から乗り換えてくれることもあります。そうすれば、少ない説明で早く仕事につながります。

ところが、セカンドライフのビジネスはライバルとなる会社や商品が少なく、他社から乗り換えてもらうことも期待できなかったので、成約率が極めて低かったのです。私は、その経験から、**「競合のいない、目新しいオリジナル商品を扱うのは危険」**だと痛感しました。

フリーランスのなかには、「とにかく他のフリーランスよりも目立つために、オリジナルな存在にならなくては」と思い込んで、自分の仕事にオリジナルなネーミングをつけようとする人がいます。

たとえば、「ハワイで学んだスピリチュアルなメソッドで、あなたを幸せに導くハワイアン・ハッピーコーチング」などと、固有の名前をつけて、他になさそうなオリジナルなメソッドをうたっているようなケースです。

たしかに、「ハワイ発のスピリチュアルなメソッド」と「コーチング」という組み合わせは、珍しいかもしれません。しかし、**そこに「誰に求められているか？」という「ニーズ」がなければ、仕事として成立しません。**そのため、強みとするスキルは「競合がいて、わかりやすい」ところからはじめるほうが、仕事につながりやすいというのが私の実感です。

同業種で稼いでいる人は どんな「ニーズ」の高い仕事をしていますか？

no. 4

何からはじめればいい？
―マーケティングと「1日の使い方」を考える―

集客はどうすればいいのか？

安定した収入の保障がないフリーランスは、仕事時間の何割かを「新しいお客様の獲得」のために使わないと続きにくいものです。そこで次は、「1日の時間配分」と「マーケティング」を考えていきます。

マーケティングとは、「お客様を集めて、どうやって売上をつくるか？」という仕組みづくりのことです。まずは自分自身に、「お客様はいますか？」「お客様をどうやって見つけますか？」と問いかけてみてください。**お客様がまったくいなかったら、仕事時間の100パーセントをマーケティングに投資しましょう。**

「今はお客様がいるから大丈夫！」と安心している人でも、その仕事はいずれ途切れる可能性があります。「仕事で失敗しないかぎり、担当している仕事の契約は終わらないはずだ」と考えているフリーランスの人もいるかもしれません。しかし、担当しているお客様を成長させても、仕事がなくなる可能性はあるのです。いい仕事をしていれば、いい仕事がやってくるというのは甘い考えです。

たとえば、私はＩＴ系スタートアップ企業のマーケティングに関わっているので、担当する会社のプロジェクトが成功すると、その会社が爆発的に成長して、各部署も拡大していきます。すると、外部から新たにやってきた役員が、「(その役員と）つながりの深い業者に発注するように」と指示を出すことがあるのです。そうなれば業者の入れ替えが発生して、私に発注がこなくなります。仕事を成功させたほうが、解約が早くなるという、これもまたフリーランスの不都合な真実です。

そんなふうに、たとえ1つの仕事を成功させても、契約がずっと続くとはかぎりません。そのとき、何の準備もしていない人は「１００点満点の仕事をするためにがんばったのに、なんで契約が終わったの!?」と理不尽に感じることでしょう。

仕事の評価というのは、自分自身が考える以上に複雑です。会社でも必ずしも仕事ができたり、部下に好かれたりする人が出世できるとはかぎらないように、フリーランスの評価も一筋縄ではいかないのです。

私は、たとえお客様から契約を切られても**「その仕事が自分のスキルや実績を高めるものになるかどうか」が重要**だと考えています。フリーランスは、「時代とともに変化する仕事のニーズ」に応えられる能力がないと生き残れないからです。そのため、フリーランスはニーズのある能力を身につけるべく、仕事をしながら勉強していく必要があります。契約を切られてもピンチに陥らないように、身につけた新しいスキルを評価してくれる他の会社も常に並行して探し続ける努力が必要です。

仕事時間の何割かは、「新しいお客様の獲得」に使おう

no. 5

生活費は少なくとも1年分あったほうがいい

最低限の生活費がないと、まず余裕がなくなる

ここでフリーランスとして活動するために必要な、「お金の準備」について考えていきます。

フリーランスは独立するとき、「最低限必要な1年分の生活費の1・5倍（理想は2倍）」の貯金があると、心に余裕が持てて、精神的な面での基盤となります。

そのために、まず「自分は、最低どれくらいの生活費がかかるんだろう？」と考え

てみてください。都内で1人暮らしだったら、家賃や食費、光熱費などを合わせると、1年間で400万円前後は必要かもしれません。たとえば、400万円（最低限必要な生活費）×1・5倍＝600万円（余裕の持てる生活費）になります。ライターやイラストレーターであれば、営業コストは交通費くらいですから、1年分の生活費だけ考えればOKです。

600万円の貯金は、それなりの金額なので絶対条件ではありませんが、予想よりも苦戦したときの余裕がまったく違ってくるので、できるかぎりの貯金は準備しておきましょう。

「なんで余裕が必要なの？」と思った人がいるかもしれませんが、とくに独立したばかりは思ったように仕事が取れない可能性もあるからです。それに仕事があったとしても、価格交渉に慣れていないので、「思ったよりも売上が残らなかった」ということも珍しくありません。しかも、**最低限の生活費がなければ、お客様との価格交渉で弱気になりがちです。**「生活のために、何でもいいから仕事がほしい」と、激安でイヤな仕事をする毎日をすごしたくはないですよね。

余裕がなくなると、精神を病むことも

「お金がないと余裕がなくなる」というのは、私がフリーランス1年目のときに、「お金がどんどん減っていく恐怖」を味わっている実体験からきています。

当時は、家賃が月24万円の銀座近くのマンションを、うつ病で無職の知人とルームシェアしていました。フリーランスになって仕事がなく、会社員時代にコツコツと貯めていた貯金は、家賃と2人分の生活費のために、どんどん減っていきました。

そして、ついに生活費が足りなくなったのです。お金がないと、仕事はもちろん生活が回らないので、独立して半年後の2007年9月に、国民金融公庫と中央区の制度融資を使って、900万円の融資を受けることになりました。

その融資資金を使いながら、2008年5月に「セカンドライフ」から「Web マーケティング」へと事業転換を図りました。しかし、当時の報酬は少なく、実績も少なかったので思ったように売上を上げることができません。

それでも、融資の返済に毎月20万円、生活費でも20数万円かかったので、手元の資金はどんどんなくなっていく状態でした。そして、生活費を稼ぐために、報酬の低い仕事や、条件が悪い仕事でも引き受けました。

未来が見えないなかで、「そろそろヤバイ……」ともがいていた私の心は、どんどん病んでいきました。当時はテンションがおかしくなっていたので、妙に朝早く起きたり、夜中に泣き出したりすることもあったほどです。

まさに自己破産寸前でしたが、もし自己破産で債務整理になれば、貸金業者系の信用情報機関でブラックリストに載ってしまい、借り入れができなくなります。自己破産は何としても避けようと、必死に仕事をしていたことを覚えています。


私の話は一例ですが、仕事が必ずしも予想通りに進むとはかぎりません。予想外のことが起きたときのためにも、「余裕の持てる最低限の生活費」は準備しておいてください。

また、十分な貯金がなく独立した場合も、仕事でお金が入ってくるようになったら、

まず1年分の生活費の貯金を最速で貯めることです。イレギュラーなことは、必ずどこかで起きるもの。多少失敗しても、自分を見失わずに事業が行き詰まらないために、心の余裕は大事です。

1年分の生活費があると、精神的にも余裕が生まれる

no. 6

必要な生活費をもとにした「売上目標」

ゆとりのある生活をするための売上目標

さきほど、最低限必要なお金についてお話ししましたが、今度は、最低限必要な1年間の「売上目標」を考えてみてください。

フリーランスとしての毎月の売上目標の公式は、「余裕のある生活を送るために必要な生活費」＋「貯金したい金額」です。「月々の売上目標×12カ月」で計算すれば、1年間の売上目標がわかります。

「400万円稼げば、年収400万円の会社員と同じ生活ができるはず。なぜ会社員よりも稼がないといけないの？」と思った人がいるかもしれません。しかし、フリーランスには社会保障がないのです。

会社員は厚生年金に加入している時点で、自動的に国民年金（基礎年金）にも加入することになります。すると、将来的に年金が支払われるときは、「国民年金」と「厚生年金」の2つの年金を受け取ることができます。しかも、そのために必要な費用（社会保険料）は、会社が半額負担してくれる仕組みになっています。

ところが、フリーランスはその特典を持っていません。だから、**生活レベルを一緒にしたい会社員の年収に、プラス200万円くらい上乗せして稼がないと、ゆとりある生活を送ることができないのです**（もちろん、上乗せした分はきちんと貯蓄してくださいね）。

たとえば、年収300万円の会社員と、フリーランスの人が同じレベルの生活をめざすとします。そのとき、フリーランスとしての最低限必要な売上は、生活レベルを一緒にしたい会社員の年収にプラス200万円くらい上乗せして計算するので、粗利益500万円程度です。粗利益（売上総利益）とは、売上から仕入れを除いた金額のことで、計算式で表せば「売上高－原価」となります。

売上目標が頭のなかにあれば、「仕事で何をしなければいけないのか？」もわかりやすくなります。たとえば、たくさん稼ぎたいのに仕事がゼロだったら、安い仕事でも引き受けないと生活できません。または、仕事が忙しくても売上目標に届かなかったら、薄利多売の状態なので、商品やサービスの値づけを見直さないといけません。同じ取引先ばかりで売上が横ばいのときも、かなり危険です。新しいお客様の仕事がなくて、既存のお客様の仕事に依存している状態なので、時間の使い方を見直す必要があります。

ゆとりのある生活を送りながら、安定して稼ぎ続けるためにも、最低限必要な売上目標を考えてみてください。

フリーランスは会社員の給与より多く稼いで同じレベル

no.7

審査が必要なものは、フリーランスになる前に準備するのが理想

フリーランスの社会的信用は、なきに等しい

クレジットカードやローン、アパート・マンションの賃貸契約など審査が必要なものは、フリーランスになる前にリストアップして、先に審査を通しておくことをおすすめします。 契約者の「経済的な安定性」を審査されるとき、フリーランスは審査に

通りにくいからです。

会社員だと、クレジットカードや賃貸契約の審査に落ちることを、なかなか想像しづらいかもしれません。ところが、「会社」という後ろ盾がないフリーランスになってみると、クレジットカードや賃貸契約、銀行口座、住宅ローンなどの審査にバンバン落ちます。

いってみれば、フリーランスの社会的信用度は、なきに等しいのです。しかも、審査に落ちると「この社会で、君は成功しない」といわれているようで、精神的にもとてもショックを受けます。

実際、知人のライターも、「会社員時代と違い、フリーランスになったら、クレジットカードがつくれなくなった」と嘆いていました。比較的審査の通りやすい「LUMINEカード」の審査に、年収が同じくらいの会社勤めの友人と一緒に申し込んだところ、友人だけ審査に通ったので驚いたそうです。

審査が通りやすい方法で申し込む

社会的信用の低いフリーランスでも、賃貸契約の種類によっては、審査を通過できることがあります。

フリーランスの人が賃貸契約をするときは、「UR賃貸住宅」がおすすめです。UR賃貸住宅は、基本的に収入か資産だけでしか判断されないので、フリーランスでも年収300万～400万円ほどの安定した収入を稼いでいれば大丈夫です。さらに、礼金、保証人が不要で更新費用もかからず、支払った敷金は退去時にたいてい95パーセント以上戻ってくることもあり、私は都内のUR賃貸住宅を渡り歩いています。

賃貸契約の審査が通りにくい個人事業主向けに、家賃保証の審査をしてくれる商品設計や仲介商品を提供している不動産会社「Livmo.inc（http://livmo.co/）」を利用するのも手です。

Livmoでは、個人事業主でも安心して部屋探しができるように、連帯保証人なしで審査に申し込める家賃保証サービス「ノマド保証プラン」を提供しています（プラン利用料は、家賃の70〜１００パーセント程度）。

「ノマド保証プラン」は、過去の売上からわかる事業の安定性や、現在の預金額などを総合的に判断して、審査を通過させる仕組みです。そのため、昨年の事業所得が赤字でも、過去にクレジットカードや携帯代金の支払いに若干の滞納があっても、審査を通過できる可能性があります。

ただ、現在も消費者金融に借金の返済をしていない人や、携帯代を支払っていない人などは、審査を通過するのが難しいかもしれません。

何はともあれ、クレジットカードや賃貸契約をはじめとする審査は、独立前の会社員時代に通しておくのが理想的です。

審査が必要なものは、独立前に準備。独立後なら、通り安い方法を選ぶ

no. 8

「家族の協力」が得られないときはどうすればいい？

もし「嫁ブロック」に遭ったら

「いつかはフリーランスに」と考えている妻帯者の会社員の男性のなかには、「フリーランスになりたいんだけど……」と妻に相談したとき、「何を言い出すの!?」と妻から全力で止められる、いわゆる「嫁ブロック」を経験する人もいるといいます。

そうやって家族が反対するのは、「思いつきでフリーランスになっても、うまくいかないからやめて！」と思っているからです。

そこで、まず**フリーランスとして働く本気度を伝えます。**

たとえば、マンガを一度も描いたことのない子どもが、親に「マンガ家になる！」といきなり言い出せば、親は反対するでしょう。ところが、実際にマンガを数百ページ書いて、プロのマンガ家にアドバイスを聞きに行くなど、本気度の伝わる行動をしたら、親の反対する気持ちは少なくなるはずです。

本気度を伝えるときは、「撤退ラインの条件」や「フリーランスを辞めたあとの進路」を伝えることも効果的です。

たとえば、「絶対に借金はしないから、フリーランスとして1年間働かせてほしい」とか「3年間フリーランスをやって結果が出なかったときは、会社員に戻るから」といわれたら、家族は将来のビジョンがわかるので、少なからず安心します。

家族に仕事仲間と会わせるのも手

家族に、仕事の関係者を会わせることも、仕事に対する理解を深め、協力を得られやすくなるよい方法だと思います。

人間には、何度も接すると親近感が湧いて、警戒心が徐々になくなる「ザイアンス効果（単純接触効果）」があります。何より仕事内容がわかれば、「何をしているかわからない」と家族に思われなくなります。

私も、仕事で仲よくなった人を自宅に呼んだり、家族に自分の運営している読書会を手伝ってもらったりしています。**味方になってほしければ、小さなことでもいいので、まずは「巻き込んでしまう」。これは王道です。**

さらに、こちらの仕事を理解してもらうだけでなく、子育てや介護など、時間にある程度「融通」がきくフリーランスのメリットを活かしながら、家族と協力していけば、家族関係もよりよくなるはずです。

家族の理解を得たかったら、具体的な行動で示そう

no.9

オフィスは不要。コワーキングスペースを使おう

コワーキングスペースは準備不要で手軽

フリーランスのなかには、マンションの1室を借りて、自分専用の「固定オフィス」を持とうとする、あるいはすでに持っている人もいます。

まず、固定オフィスを仕事場として利用するためには、家具をそろえる必要があり

ます。また、水道・光熱費などのランニングコストもかかってきます。そんな**固定オフィスを持つよりも、私は1つの空間を複数人とシェアして利用できる「コワーキングスペース」（または、シェアオフィス）の契約をおすすめします。**

コワーキングスペースは、家具も水道光熱費も不要で、安めのところであれば月額1万〜2万円程度で利用できます。法人だと、法人登記に「事務所・本社の所在地」が必要ですが、住所や電話番号、FAX番号などをレンタルできる「バーチャルオフィス」のサービスを利用すれば、とくに問題はありません。登記可能なコワーキングスペースも数多く存在しています。

コワーキングスペースのなかには、会議室をレンタルできるところもあり、お客様と打ち合わせする場所をあれこれ探す手間もなくなります。

利用するコワーキングスペースは、通いやすいように自宅から近い場所にするのがおすすめです。毎日のように仕事をする場所なので、近いに越したことはありません。「自宅だとダラダラしてしまう」「家族がいるから仕事に集中できない」という人にとっても、コワーキングスペースは便利な場所です。仕事や勉強したい人が集まっているコワーキングスペースにいれば、自然と集中モードに切り替えることができます。

また、家でこもって仕事をしていると、だんだん人付き合いが減ってきたり、思考がネガティブになってきたりと内向きになりがちです。会社の同僚のようなガッチリしたつながりではないですが、コワーキングスペースのようにゆるやかに知り合いがいるスペースで仕事をするというのは、いい気晴らしにもなります。

コワーキングスペースによっては仕事も広がる

コワーキングスペースは、利用している他のフリーランスと知り合いになる機会が増え、そこから数珠つなぎで仕事につながる可能性もあります。**とくに、利用者同士の交流イベントが多いコワーキングスペースは、他の利用者との距離が近づきやすくなります。**

また、ベンチャーや大企業を呼んでイベントを開催しているところも多く、そういったところから仕事につながることもあります。さらに、コワーキングスペースを管理するスタッフの人と仲よくなれば、ときに相性がよかったり、仕事につながりやすかったりする他の利用者を紹介してもらえることもあります。

　そこでポイントになるのが、**コワーキングスペースのコンセプトです。**どんな利用者が多いのかに着目してみてください。デザイナーが多い、プログラマーが多い、社会起業家系が多いなど、じつはコワーキングスペースによって傾向が異なります。これについてはスタッフに直接聞いてもいいですし、どんなイベントが頻繁に開催されているかなどの情報を見ていると、おおよそコンセプトがわかってきます。

　私は、目黒にあるHUBTokyoというコワーキングスペースを長く利用させていただいていましたが、そこでたくさんのよい人間関係ができて、実際に面白い仕事にもつながっています。

　コワーキングスペースは利用料金や立地だけでなく、人間関係が広がるかどうかも意識して選択するといいでしょう。

コワーキングスペースの特徴を最大限に活用しよう

僕の月曜日

今週金曜日にスタッフから素材送らせるんで。
了解です。
納期はいつまでですか？
来週月曜の朝イチでお願いできる？
月曜日…
月曜日…
ペラペラ
2018
……。
9日（月曜日）
・A案件〆切
・B案件〆切
・C案件〆切
・D案件〆切
・E案件〆切
・15:00
六本木
・○○○

これって「土日、休むな」ってことだよね・・・
・・・・
チラッ
？
絶対
無
キメッ
おーい。
悪意がない分、余計にタチが悪い・・・
ドンマーイ
そうよね・・・
おい おーい。
よーし!! 週末の飲み会の欠席、確定だぞー!!
ダー
だぞー ぞーー・・・
ぐごっ

お願いできる?
月曜日・

2

仕事が途切れない集客術

no. 10

仕事が途切れないフリーランス3つのタイプ

稼ぎ続けているフリーランスは、大きく3つのタイプに分かれる

安定して稼ぎ続けているフリーランスは、いったいどうやって仕事を得ているのでしょうか。

「最初は安い金額でも、いい仕事を続けていれば、いつか認められるようになる？」

「人脈をどんどんつくっていけば仕事につながる？」

「ブログなどのSNSで情報発信をして有名になれば仕事がやってくる？」

どれも正解で、どれもハズレです。

私自身、独立してから長い間、仕事を得るのに苦労して、一時は自己破産寸前の状態にまでなったという話をしました。そのため当時は、「フリーランスで仕事を獲得し続けている人たちは、いったい何をやっているんだろう……」というのが、疑問でしかたがありませんでした。

とくにずっと私が感じていたのは、自分自身が専門のWebマーケティングの知識を徹底的に磨きをかけて実績を積んでも、なかなか仕事が安定しない点です。一方で、言い方は悪いですが、「必ずしも一流の技術を持っていなくても、安定して食べている人もいるように感じていて、この違いは何だろうか？」とも思っていました。

独立して3～4年は、周囲にフリーランスの知人もおらず、よくわからなかったのですが、いろいろなフリーランスの方の様子を見ているうちに、安定して稼ぎ続けている人の多くがやっているパターンが見つかりました。

「集客」や「稼ぎ方」という視点でいうと、フリーランスは**「職人ポジション」「相談役ポジション」「城持ちポジション」**という大きく3つのタイプに分類できると考えています。

自分がどんなタイプのフリーランスかによって、お客様の見つけ方は変わってきます。これがわからないで、一面的にうまくいっていそうな人を真似しては失敗して迷走する人が多いように思います（以前の私もその1人でした）。

たとえば、次のようにです。異業種交流会に参加しまくって名刺だけが積み重なっていく人。数少ないお客様に気に入られるように、無理難題も飲み込みながら一生懸命仕事を続けても、ずっと安い単価のままな人。いろいろな人から相談を受けるのに、「ただのお人好し」になって全然仕事につながらない人。

自分がどれかにあてはまるとしたら、これから紹介する3つのタイプを読んで、「どのタイプを強化すれば、自分に仕事がくるんだろう？」と考えてみてください。

稼ぎ続けている人には共通する3つのタイプがある

no. 11

タイプ1：職人ポジション

「職人ポジション」は高いスキルが売り

特定の分野で高いスキルを身につけ、それを武器にして仕事につなげている人を私は「職人ポジション」と名づけています。

たとえば、イラストを描くスキルが高くて、その人が担当したイラストの商品パッケージは必ず売れると評判のイラストレーターがいます。そういう人は、まさにスキルで食べている職人ポジションです。

フリーランスは、持っているスキルが（世間一般的に見て）平均以下であれば、仕事で結果を出すことができません。その意味では、誰でも一定のスキルは必要条件なのですが、本当の意味でスキルの評価で食べていけているのが職人ポジションです。

職人ポジションは高いスキルを持っているので、「この人はいい仕事をしてくれる」とお客様同士の口コミで広まることがあります。そうやって口コミで評判が伝わって、仕事の流れができあがっていくと、必死に営業をする必要はなく、本業に集中できるメリットがあります。

自ら情報発信していこう

職人ポジションの人でも仕事が続かなかったり、思ったように稼げなかったりして、フリーランスを辞めてしまうことがあります。**それは、高いスキルがあることを、お客様に理解されていないからです。**残念なことに、せっかく高いスキルを持ちながらも、まるで「発掘されない宝」のようになっているケースです。

スキルは目に見えないので、自分から発信していくことも大切です。自慢話になってしまってはNGですが、ふだんからの人付き合いや、SNSなどで、自分がどんな仕事をやっているのか、実績があるのか、また、今どんな仕事がほしいのかということは、しっかりと人に伝えていきましょう。

スキルの高さや実績で仕事を取るのが「職人ポジション」

no. 12

タイプ2：相談役ポジション

相談から仕事につながるタイプ

どの分野にも、「困ったときはこの人に聞け」と頼られる兄貴肌、姉御肌の人がいるものです。フリーランスのなかにも、ボランティアで相談を受けるだけでなく、それを実際の仕事につなげる能力を持った人たちがいます。このように**相談を受けて、悩みを整理、解決することが得意な人を、私は「相談役ポジション」と呼んでいます。**

相談役ポジションは、誰でもチャレンジしやすいので、3つのタイプのなかで最もおすすめです。私はとくに「職人ポジション」と「相談役ポジション」の両方を伸ば

すように意識しています。

相談役ポジションは、文字通り相手の相談を聞くことからはじまります。そのため、ふだんから、「何か助けられることはありませんか?」とあなたの知識やスキルでサポートできることを、意識的に聞いていくことが大事です。

相談役ポジションは、ライバルがいない

相談役ポジションは、単価が落ちにくいというメリットがあります。

職人ポジションだと、「どうしても、この人だけに依頼したい」とお客様が考

えているとき以外は、コンペになってしまいます。コンペになれば競争させられるので、ときには単価を落とした提案も必要になります。

ところが相談役ポジションは、相談しながらお客様との関係を築いていくので、お客様が他の人に見積もりを取ることはありません。しかも、悩みを深掘りして聞いているので、誰よりも最適な提案ができます。

まずはあなたの得意とするスキルで、小さな相談に乗っていくことからスタートしましょう。さらに、職人ポジションとしてのスキルも高ければ、口コミでよい噂がどんどん広がって、相談がたくさんくるようになります。

お金が発生するかどうかは明確に

相談役ポジションをめざす人の話を聞いていると、「無料相談ばかり受けていて、全然お金にならない」と悩んでいる人がいます。そういう人は、自分の商品を定義できていないのが原因です。

たとえば、イラストレーターでも、「試しにどんな絵を描いているか見せてほしい」

といわれて、自分の商品であるイラストを無料で描けば、いつまで経ってもお金が入る仕事にはなりません。

そこで私は、相談を聞いているうちに、「ここからはお金が発生する」と判断すれば、「ここからはプロジェクトになってしまいますので、料金が発生しないと厳しいのですが」と**契約のタイミングをお客様に伝えています。**

ただ、お客様によっては、それを伝えにくいかもしれないので、無料で仕事をすることがないように、**料金設定も含めて「商品やサービスをパッケージ化」しておくのも1つの方法です。**商品やサービスを「作業内容」＋「ギャランティ」を設定してパッケージ化していきます。

たとえば、ライターだったら「1記事3000文字、取材込みで3万円」というように商品やサービスをパッケージ化しておけば、お客様も依頼しやすくなるでしょう。

ところが、商品やサービスのパッケージ化ができていないと、どのタイミングから報酬が発生するのかわかりづらくなります。そのため、「まだ相談の範囲だろう」と思って、仕事をすべて無料で引き受けてしまうこともあります。

その一方で、「タダ働きはしたくない」と思って、相談をいっさい受け付けないことで、仕事はおろか、人間関係を広げるチャンスや、信頼関係を築くチャンスも失っている人も多く、もったいないと感じます。

「くれくれ君」に情報を与えすぎない

相談役ポジションの人は、**こちらの情報を奪っていくだけの「くれくれ君」に注意しましょう。**

『GIVE & TAKE「与える人」こそ成功する時代』（アダム・グラント／楠木建訳／三笠書房）によれば、世の中には「ギバー（与える人）」と「テイカー（受け取る人）」と「マッチャー（与えたものを返そうとしてくれるタイプの人）」がいるといいます。

相談を受けてアドバイスすることは、「ギバー」です。ところが、「ギバー」を食い物にする「テイカー」（＝くれくれ君）に情報を与えすぎると、タダ働きになります。

だからこそ、**相手を見極めて相談に乗らないといけません。**『GIVE & TAKE』によれば、相手が「テイカー（くれくれ君）」だと判断したら、「ギバー」をやめて「マッチャー」としての態度をとるように推奨されています。

ただし、相手が「くれくれ君」になるかどうかは相性の問題ということもあります。他の人には「くれくれ君」ではない人が、自分には「くれくれ君」になることもあるので、「この人は、誰に対しても、くれくれ君なんだな」とは思わないほうがよいでしょう。自分も相手にとっての「くれくれ君」にならないように、「プロとして、どうすれば相手の役に立てるか？」を考えて行動していきます。

相談を受けて疲弊するのを避けるためのポイントとしては、**人間関係を一対一で考えるのではなく、興味関心のコミュニティで考えることです。**自分が相談に乗れる範囲を最初に決めて、自分のスキルや関心から関連性の低い内容の場合は丁寧にお断りすることが大切です。また、何でもかんでも自分の仕事につなげようとしないで、他に役に立つ人を紹介できるときなどは喜んで紹介してあげましょう。

課題を仕事につなげる「相談役ポジション」は単価が落ちにくい

no. 13

タイプ3：城持ちポジション

自分の城を築いて、そこにファンが集まる

特定分野のカリスマとして、コアなファンを獲得しているフリーランスを「城持ちポジション」と呼んでいます。

たとえば、カリスマブロガーとして有名なイケダハヤトさんや、評論家の勝間和代さんも「城持ちポジション」だと私はとらえています。また、山本一郎さんのように、特定の業界についての分析力で有名な分析系ブロガーも城持ちポジションに近いと思

います。

また、ブログではなく、他のＳＮＳで大量のファンを抱えて活動しているような城持ちポジションの人もいます。Facebookで何か投稿するたびに、たくさんのコメントや「いいね」がついているようなタイプです。

城持ちポジションの特徴は、ファンを囲い込むための城となるWebサイトや、ＳＮＳでの情報発信が得意なことです。

ただし、城持ちポジションには「自己顕示欲」と「才能」と「キャラ立ち」に加えて、「手間」と「粘り強さ」が必要なので、真似しようと思っても簡単に真似できるわけではありません。

城持ちポジションとしてファンを集めている人には、天性のカリスマ性がある場合も多く、再現性がいちばん低いので、自分がなりたいならばそれらを踏まえたうえでめざす必要があります。

城のメンテナンスには、手間と時間がかかる

城持ちポジションはブログをはじめとしたSNS、書籍など自分のファンに向けた情報発信をし続けなければなりません。そうしなければ、「自分の城」を維持し続けたり、大きくしたりできないからです。

そうやって自ら築いた城にファンをたくさん囲い込むことで、さらに人が集まってくるという流れが生まれると、自らの足で営業するよりも効率的な集客が可能になります。

1人ひとりのファンと交流して価格交渉するのは、物理的にも時間的にも大変なので、「セミナー」を開催したり、「オンラインサロン」（月額会費制のWeb上で展開さ

れるコミュニティ）などの商材をつくったりして、ファンに情報発信していくのです。そのようにして、城持ちポジションは収益化しています。

ただし、**城持ちポジションは、集まってきた人の求心力を失わないよう、城のメンテナンスのために、日々手間と時間をかけないといけません。**なかには、城に注目を集めるために、ブログを反論コメントだらけにする、いわゆる「炎上状態」をめざす人もいます。

また、憧れを抱いてもらうために、会社員にはできないようなライフスタイルを発信することにも注力します。典型的な例としては、地方で悠々自適に稼いでいるようなライフスタイル、海外で自由に稼ぐライフスタイル、家から一歩も出ずにアフィリエイトや投資などの収益で稼ぐライフスタイルなどです。

それゆえ**城持ちポジションは、自分のライフスタイルを切り売りして稼いでいる**ともいえます。しかも、新しいライバルとなる城持ちポジションのフリーランスが次々と登場するので、時代の流れに遅れないようにしなければなりません。

「目立つ＝成功する」わけではない

城持ちポジションは目立ちやすいので、フリーランスの成功モデルのように見えますが、必ずしも「目立つ」イコール「仕事がうまくいっている」わけではありません。当然、目立つ分だけ、心ない批判やメッセージを受け取ることも多いので、その覚悟も必要です。城持ちのモデルで成功している人は、フリーランスの全体人口の中ではかなり少数派です。成功している人の足もとには、挑戦してうまくいっていない人の屍《しかばね》が山のように積み上がっているのが現実です。

ちなみに、「職人ポジション」としてスキルが高ければ、自分から売り込まなくても、「城持ちポジション」のような仕事に呼ばれることがあります。定期的に見込み客が集まって受講してくれるセミナー講師も城持ち的なポジションの1つです。

私は自分から売り込んだわけではないのですが、Webマーケティングのプロ（職人ポジション）として実績を積み重ねた結果、『宣伝会議』からセミナー講師に呼んでいただいています。ちょっとした城持ちポジション的な立ち位置になったのだと思います。また、私は何冊か著書があり、自分の専門分野の本を書くことは、著書を読んでくれる方が一定数現れ続けるため、変則的ですが城ともいえます。この2つについては、ライフスタイルを切り売りしなくても、「職人」としての信頼度が上がるため、おすすめです。

ネガティブな側面も書きましたが、自分自身でお客様が集まる「城」を持つというのは、まさに一国一城の主といっていいでしょう。

また、大量のファンを抱えたビジネスは成功すれば収益性が高く、特定のお客様の顔色をうかがう必要もありません。ただし、その分だけ、城持ちとして成功するには、アイデアや工夫、時代の流れをつかむ運などさまざまな要素が必要です。率直にいうと、成功率が低い代わりに、成功した見返りが多いという面では、「フリーランス」というより、「起業家」に近いと私は考えています。

ファンを囲い込んで収益化するのが「城持ちポジション」

no. 14

フリーランスの戦闘力は、3つのタイプのかけ合わせ

3つのタイプをかけ算することで、収益力が跳ね上がる

「職人ポジション」「相談役ポジション」「城持ちポジション」というフリーランスの3つのタイプのうち、どれか1つだけではなく、**いろいろなタイプを組み合わせると、フリーランスとしての収益力（いわば戦闘力）が高まります。**

たとえば、「職人ポジション」をめざして高いスキルを身につけても、誰にも知られていなければ仕事はやってきません。仕事の話がこなければ、仕事も選べなくなり、

新たなスキルを身につけるチャンスもなくなります。

同様に、「相談役ポジション」として、多くの人から相談を受ける機会があっても、それをお金に変えるスキルがなければ、ただ人脈がある人や面倒見のいい人になってしまいます。

「城持ちポジション」をめざしていて、大量のPVを集めるブログがあっても、マネタイズできなければ、ただの人気者でしかありません。

だからこそ、「フリーランスとしてどれだけ稼げるのか?」という戦闘力は、3つのタイプをかけ合わせることで、ある程度わかります。

あなたの戦闘力はどれくらいありますか?

仕事が途切れないフリーランスの3つのタイプをもとに、まず、「どのタイプに、どれだけの力を注ぎたいか?」を決めてください。

そして、それぞれのタイプに、1~10の間で点数をつけ、その点数をかけた結果が、

あなたのフリーランスとしての戦闘力は何点ですか？

職人ポジション度（スキルの高さ） ⇒ □点（10点満点）

×

相談役ポジション度（相談の持ちかけられやすさ） ⇒ □点（10点満点）

×

城持ちポジション度（情報発信度と人気度） ⇒ □点（10点満点）

＝

フリーランスとしての戦闘力 ⇒ □（1000点満点）

あなたのフリーランスとしての戦闘力です。すべて満点だと1000点です。このフレームワークを使うことで、ほとんどのフリーランスの戦闘力を分析できます。

たとえば、スキルが高く「職人ポジション10点」の人が、相談も受けず「相談役ポジション1点」、SNSでほとんど発信していなければ「城持ちポジション1点」となり、「10点×1点×1点＝戦闘力10点」です。

ところが、その人のブログにファンがいて「城持ちポジション5点」になれば、「10点×1点×5点＝戦闘力50点」となって、より安定して稼げるようになりま

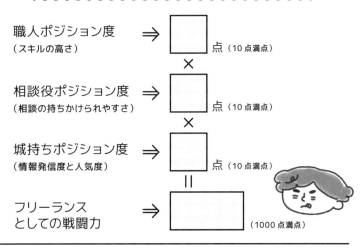

す。あなたも、自分の点数を計算してみてください。

ちなみに、年収が1000万円以上あり、かつ稼ぎ続けているフリーランスには、「職人ポジション」と「相談役ポジション」の点数が高い人が圧倒的に多いです。「相談役ポジション」として人の役に立ちたくても、お金をもらうためにはプロフェッショナルとしてのスキルが必要なので、職人ポジションとのかけ合わせが絶対必要になるわけです。

本業のスキルだけを磨き続けていれば、必ずしもフリーランスの世界で生き残れるというわけではありません。より安定して稼ぎ続けるために、「どのタイプをかけ合わせれば、仕事がきやすいのだろう？」と考えてみてください。

自分に必要なフリーランスのタイプがわかったら、そのタイプで高い点数が取れるように能力を伸ばすことで、ブランド力のアップにもつながります。

自分に合ったスキルとポジションを伸ばして収入アップ！

no. 15

商品やサービスの価格はどう決めるのか?

価格を決める大きな要素は「希少性」

あなたが提供する商品やサービスの価格は、スキルの高さやお客様の判断だけではなく、「希少性」によっても左右されています。

たとえば、いつも使用しているノートを外出先で買おうとするとします。ところが、ノートを安く売っている文房具店が、なかなか見つからない。

そんなとき、1件のコンビニを発見してのぞいてみると、いつもは100円で買っているノートが、150円で売られていました。それでも、他にノートを購入できるお店がなかったら、150円でも買いますよね。そんなふうに希少性が高い状況ほど、商品の値段は高くなります。

これを、フリーランスにあてはめて考えてみましょう。

あるゲーム会社のアートディレクターが、いつも仕事を任せているフリーランスのイラストレーターに、ゲームのキャラクターデザインを1点4万円で依頼しようとしたとします。ところが、そのイラストレーターは仕事が立て込んでいて、依頼を断られてしまいました。

アートディレクターは、イラストレーターの知人にも声をかけて探し回っていましたが、依頼したいゲームのイラストを描けるスキルのある人はおらず、代わりとなる人がなかなか見つかりません。そんなとき、あるイラストレーターが「キャラクター1体につき5万円なら引き受けられる」と申し出ました。

アートディレクターは、「いつもは4万円で依頼しているけれど、お願いできる人が見つからないのなら、5万円でも依頼したい」と考えるでしょう。しかも、「今日、外注できる人を決めないと、もうプロジェクトの納期に間に合わない」となれば、5

万円以上でも依頼したいと思う可能性が高くなります。

そんなふうに、**希少価値が上がるほど、支払われる報酬は高くなっていきます。**

さらにいえば、**「フリーランスは、適正価格で仕事をしたら、負けだ」くらいに私は思っています。**「適正価格＝普通」なので、誰に頼んでもいいからです。

人は「価格文化圏」によっても払うお金が変わってくる

商品やサービスの値段は、それを提供する人のスキルやブランドだけでなく、それを受け取る人の生活文化によっても異なるため、私はそのことを**「価格文化圏」**と呼んでいます。

たとえば、同じ講師の同じ内容のセミナーでも、六本木ヒルズで開催されているセミナーは受講料が10万円なのに、公民館で開催されているセミナーは受講料が3000円なんてことが実際にあります。

なぜ、同じ人で同じ内容のセミナーなのに、価格が異なるのでしょうか？　それは、

お客様の所属しているコミュニティが違うからです。それぞれのお客様の属しているコミュニティには、「この商品やサービスには、これだけのお金を払って当たり前」という空気ができあがっています。

六本木ヒルズで開催されるセミナーは、「この講師は10万円を支払う価値がある」と思う人がいる価格文化圏なので、たとえ3000円のセミナーと同じ内容でも成立するのです。

もし、提供する商品は変えずに値段をより高くしたいと思ったら、価格文化圏を移動するしかありません。「安く発注したい」「安い値段が相場」という空気ができあがっている価格文化圏にいるお客様からは、当然安い仕事しかきません。逆に考えれば、相場が高い価格文化圏に行けば、高い仕事が回ってきます。

もちろん、**高単価の価格文化圏に移動するためには、原則としては自分のスキルをさらに磨いたり、付加価値を見出したりしないといけません。**また、高単価の価格文化圏のコミュニティであなたが価値のある貢献をする必要があります。

個人の能力は「環境」と「付き合う人」で決まると私は考えています。そのような点で、**フリーランスが、活動する「環境」と「人」を選べるというのは大きなアドバンテージなのです。**

値段には幅を持たせる

特定の作業について「この内容だと、いくらくらいになりますか？」とお客様から見積もりをお願いされることがあるかもしれません。そんなとき、私はたとえば「3万〜6万円です」といったように値段に幅を持たせて伝えています。

ここでのポイントは、**上限の金額を高めに伝えることです。**上限の金額を低めに設定してしまうと、お客様からしてみると安いに越したことはないので、上限よりちょっと安めにする人や、人によっては下限の金額におさめようとする人も少なくありません。

ただし、もしギャランティに関係なく絶対にやりたい仕事だったら、最低金額を低めに伝えて、お客様とマッチングしやすいようにしておきます。

ちなみに参考までですが、1年の売上目標から計算してみて「割に合う」と判断した金額の3割（できれば5割）を上乗せして、値づけするとよいでしょう。私の経験値としても、フリーランスは（交通費などを除いた）営業コストのことを見越して、3〜5割を上乗せしたほうがよいと思っています。

何よりフリーランスは会社組織のように人海戦術で仕事をこなすことはできないので、「安くて早い」を売りにするのではなく、たとえ高くても「きめ細やかさ」や「柔軟」な対応を強みとすべきです。

「商品やサービスの値づけの仕組み」を味方につけよう

no. 16

営業せずに「売れる流れ」をつくろう

まず「仕事がどうやってくるか」という流れを知ろう

フリーランスは、今は忙しくても、来月には仕事がゼロになることもあり得ます。そのため、「何で先月は仕事がたくさんあったのに、今月は少ないんだろう？」などといつも不安を抱えている人も少なくないかもしれません。

そこで、仕事が途切れないようにするためにも、**まずは仕事がやってくる流れを把握しましょう。** あなたのもとには、どんなパターンで仕事がやってきますか？

「過去に担当したお客様からの紹介」「イベントで名刺交換した人から」など、「自分は、どんなパターンのときに仕事がくるか？」を分析してみてください。

さらに、仕事がくるパターンのメリットとデメリット、最後に「どんなふうに仕事をもらいたいか？」をイメージしてみます。それがわかれば、仕事をもらうために何をすべきかがわかるので、その点での漠然とした不安はなくなっていくでしょう。

「営業」という言葉は使わない

会社は営業マンが商品やサービスを売り込むことで、仕事を取ってきますが、フリーランスは1人で仕事をしているので、自分で仕事を取ってこなければなりません。ただし、フリーランスはそのときに、自分の提供する商品やサービスを営業して取ってこようとは考えないでください。

私はフリーランスとして独立した当初、実績が十分になかったので、とにかく見込み客となりそうな人に数多くあたって営業して売り込んでいました。ところが、営業のノウハウは何もわかっておらず、異業種交流会に行ってたくさんの人に自分のアピールをして何百枚と名刺を渡しても仕事にはつながりませんでした。そんな、これまでの失敗を経て気づいたのは、営業に時間をかけるよりも、営業せずに「売れる流れ」をつくっていくことの重要性でした。

たとえば、何十社に営業すると、いくつかは仕事につながるかもしれません。しかし、売れる流れができていれば、押せ押せの営業をしなくても仕事が取れるようになり、さらにお客様と相思相愛だとすぐに仕事の打ち合わせへと話が進みます。

売れる流れをつくるためには、第1章でも説明したように、まず自分の専門分野や得意分野を定義することからはじめましょう。お客様は、何ができるかわからない人に、どんな仕事を頼めばいいのかわからないからです。専門分野や得意分野がわからない人は、とにかく何でも引き受ける「便利屋」になってしまいます。

営業せずに「売れる流れ」をつくって仕事を呼び込もう

no. 17

仕事を発注したくなるには「信用」「共感」「ロジック」が必要

「信用」が安心感を生む

「売れる流れ」を構築するうえで、お客様があなたに仕事を発注したいと思うために必要な「信用」「共感」「ロジック」の仕組みについてお話ししたいと思います。

まず、フリーランスにとって、**信用とは「この人にまかせれば安心」という裏づけ**

となる、「こんな仕事をした」「あの人の紹介なら」という実績や人脈を意味します。

よくテレビの通販番組でも、「1年間に何万個売れた」「モンドセレクションを受賞した」というようなフレーズとともに商品を宣伝しています。フリーランスもそういった信用があると、「それならば」とお客様が依頼しようと考えるのです。そのため、わかりやすい実績があったり、独立前の職場が有名企業だったりすると、それだけでプラスの要因になります。

実績がなく、「これからフリーランスになりたい」と考えている人も、コネはないか、独立する前の仕事関係や友達関係のネットワークを見直してみましょう。以前の人間関係でしっかり「信用」を積み重ねていれば、仕事を直接もらえたり紹介してもらえたりする可能性が高くなります。

未経験でも「共感」があると仕事につながる

では、「信用」となる実績やコネがない人は、どうにもならないのでしょうか？

これからフリーランスになって独立しようとする人のなかには、「未経験の分野でチャレンジしたい！」と考える人もいるかもしれません。実績もコネもない、つまり「信用」がない人でも、**「共感」を得られると仕事につながることがあります。**

たとえば、子育てや介護に関係のある事業を展開している企業がお客様の場合、「子育てをしながら仕事をしたい」とか「親の介護と仕事を両立したい」というのは、共感につながることもあります。そうやって自分の境遇に共感してくれる会社や人をきっかけに、そこから仕事に発展する可能性があります。

実績が少なくとも、あるテーマに心の底から関心があれば、それも共感につながります。たとえば、「地方創生に関わってみたい」「〇〇の社会問題に興味がある」といったように同じテーマに興味がある人同士だと、会話もはずみます。そのテーマで実績がまだ少なくても、「仕事をまかせてみたい」、「一緒にやってみたい」と思ってもらいやすいのです。

また、単純に気が合う人、趣味が近い人なども共感から、仕事につながりやすいものです。

金額が妥当かどうかは「ロジック」で決まる

あなたに仕事を発注したくなるには「商品やスキルに対して、金額が妥当であるか？」「商品の性能が高いか？」という「ロジック」も必要です。ロジックをひと言でいうと、**あなたの商品やサービスに対する客観的なバリューです。**

私たちは、「商品やサービスに対して、これだけの金額を支払う価値がある」と感じたとき、商品やサービスにお金を払おうと思います。たとえば、壊れている液晶テレビを「定価で買いたい」とは思いませんよね。定価で買うのは、商品が正常に機能しているときです。

フリーランスの場合は、「ライバルに対してどれだけ優れているか」「支払った金額に対してどれだけ働いてくれるか」「具体的にどのような高度な技術を持っているか」「リーズナブルかどうか」などです。

そして、お客様に「何で、この値段なの？」と聞かれたら、答えられる必要があります（質問されなければ、わざわざいう必要はありません）。ロジックがあると、お客様に値段の根拠を聞かれたときも納得してもらいやすくなります。

ロジックは、まず「自分は何が得意で、どういう実績があるか？」を自らが認識していることが前提になります。

たとえば、私は「1か月に2〜3時間のコンサルティングを1回＋電話やメールで随時相談」という仕事をお願いされたとき、その仕事に月額30万円の値づけをしました。作業量の割に、月額30万円はけっこう高いほうだと思います。

でも、この値段は自分の得意分野を理解し、「お客様の事業の成功率からすれば、この価格が妥当だろう」というロジックの結果です。マーケティングの専門家を社員として迎え入れようとしたら、それなりの給料を求められますし、社会保険や各種経費などのお金もかかってきます。せっかく正社員で雇っても、期待した結果が出ないことだってあります。

ところが、私に外注すれば、必要な知識を手に入れることができて、外注費以外の費用はかかりません。さまざまな面から「月額30万円の報酬」をお客様にも納得していただけるはず、と考えたわけです。

ただし、実際には「ロジック」だけでは売れません。誰でも怪しい人やコミュニケーションがとりにくい人とは仕事をしたくないので、「ロジック」の前に「信用」か「共感」のどちらかがないと、まず選択肢に入れてもらうことができないからです。

これは、理屈っぽい人が、恋愛でも職場でも必ずしも評価されない、意見を聞いてもらえないのと同じです。まず、人に話を聞いてもらうには、話の内容以前に「その人がどんな人なのか（信用）」「その人の好感度（共感）」がとても重要になるのです。

さて、鋭い方はここまでの話で気がついたかと思います。フリーランスの仕事が途切れないようにするには、いかに「信用」「共感」を得ていくかが重要なのです。先述した「職人」「相談役」「城持ち」それぞれのタイプの特徴を活かしながら、お客様との「信用」と「共感」につながる関係性づくりがキモになります。

仕事の発注は「信用」と「共感」を積み重ねた結果

no. 18

安定して収入を得るための仕組みづくり

安定して仕事が入るための報酬形態の工夫

安定して収入を得るためには、**報酬形態を「月額報酬」にすることができれば理想的です。**

私は2007年にフリーランスとして独立してから、うつ病になる2009年頃まで「スポット発注（必要に応じて、そのつど発注される契約のこと）」を中心に仕事をしていました。しかし、「スポット発注」の仕事は契約期間が決まっているものばかりなので、たとえば「10月までの契約」というように、決められた時期で契約を切られやすくなります。そんな短期で制作が終わるホームページの制作や、2～3か月で終わるコンサルティングのような期間が短い仕事ばかりでした。

それに単発の仕事は、そのつど契約関係のことに時間を奪われます。条件のすり合わせや契約書の発行、契約更新のことで労力を使いますし、お客様の言いなりになりがちです。会社では「営業部」や「総務部」と部署ごとに対応していた仕事を、フリーランスはすべて1人でこなさないといけません。そのため、単発の仕事ばかりになると、こまごまとした事務仕事だけでもかなり大変になってしまいます。

そこで私は、2009年に「スポット発注型の商品設計」から「月額報酬型の商品設計」に商品をつくり変えるようになりました。

そうすることで、契約関係のことに時間を奪われることなく、継続して頼まれる本業に集中することができます。その分、仕事の質も上がりますし、仕事に従事する時間も増えることからスキルが伸びるスピードも速くなります。さらに、同じ量の仕事をしても時間に余裕ができるため、ワークライフバランスも実現しやすくなるのです。

工夫しだいで「月額報酬」や「継続発注」も可能になる

私は基本的に、どんなフリーランスであれ、月額報酬型の商品やサービス設計は工夫しだいで必ずできると思います。私が事業をはじめた当初は、Webマーケティングの仕事も月額の顧問契約というのは、あまり一般的ではありませんでしたが、うまく商品設計をして、今では長期で契約をいただいているお客様が何社もある状態です。

ライターやイラストレーターなど、職種によっては月額報酬や、継続発注を受けることは難しいと思われるかもしれません。その場合は、完全な月額報酬ではなくても、おおよそ近い金額で、契約書など煩雑な作業がなく、継続発注が続く状態でもかまいません。たとえば、ライターの仕事であれば、毎月定額で、決まった本数Webサイトのメールマガジンの執筆を請け負う仕事、特定の企業のWebサイトやプレスリリースの文章を添削したり、アドバイスしたりする仕事などは需要が存在します。

自分自身で、お客様に**継続性のある仕事**を提案してみましょう。

no. 19

ホームページで集客するか、しないかを決める

ホームページで検索されやすいのは「誰でもいい仕事」

売れる流れをつくるために、「ホームページで集客してみよう」と考える人もいるかもしれません。しかし、ホームページでの集客はあまりおすすめしません。

そもそも、ホームページで検索されやすいのは「誰でもいい仕事」です。私もホームページを持っていて、複数社が提案書を競うコンペの依頼がよくきますが、すべてお断りしています。

ただ、**「ニッチ（マイナー）な職種」であれば、ホームページでも検索されやすく、競争相手が少なくなります。**たとえば、「自己啓発書のライティングはおまかせください！」と専門分野をとことん絞ったホームページをつくれば、ニッチな仕事を探しているお客様に見つけてもらいやすくなるでしょう。

それでも、今はあらゆるキーワードについて「クラウドソーシング（詳しくは129ページ）」サイトのページが検索結果の上位にきてしまうので、お客様に見つけてもらうのは大変です。また、金額や内容面でもクラウドソーシングと比較されてしまいます。しかも、ホームページの制作は時間がかかるわりに、仕事の問い合わせがその対価ほど期待できません。有名な会社でもホームページでの集客に苦労しているので、個人での集客はもっと苦労するはずです。

ホームページは実績を知ってもらうにはOK

集客を目的とせずに、ホームページをつくること自体は、実績を載せることができるのでよいと思います。名刺交換をした人が、自分のホームページを検索してくれたとき、掲載されている内容によって「信用」を高めることができるでしょう。

ただし、**実績として載せる内容は、必ずお客様に許可を取るようにしてください。**契約内容によっては、守秘義務契約を結んでいて、表に出せない情報もあるからです。

私は契約したときに、「どんな仕事をお手伝いしたか、他の人に伝えても大丈夫ですか？」「Facebookで拡散すれば御社の宣伝にもなるので、実績として紹介してもいいですか？」などと確認するようにしています。「自分のためではない言い方」で聞けば、相手から掲載のＯＫが出やすいでしょう。

ホームページは集客が目的ではなく、「実績」を載せる媒体

no. 20

Web上の活動は「Facebook、ブログでも十分

仕事の近況報告は「Twitter」よりも「Facebook」

Web上での活動はホームページをつくらなくても、Facebookやブログで十分です。

たとえば、関わった仕事についての記事を投稿したり、関心のあるニュースをシェアしたりすれば、「この業界に詳しい人なんだな」と思ってもらえます。

また、得意分野に関係するコミュニティで知り合った人たちとSNSでつながっておけば、「このテーマに詳しいみたいだから、今度頼んでみようかな」と思ってもら

えるかもしれません。

SNSで有名なものにはFacebookやTwitter、ブログがあります。**フリーランスにはとくにFacebookがおすすめです。**

投稿する内容は「得意分野」や「実績」などテーマを絞る

Facebookは相手が友達申請を承認してくれれば、相手のタイムラインに自分の投稿が自動で表示される仕組みになっています。

投稿する記事のテーマは、2〜3ジャンルくらいに絞ったほうがよいでしょう。ジャンルを絞らずに投稿すれば、「この人は、いったい何が得意なの？」と思われてしまうからです。

たとえば、私は得意分野である「Webマーケティング」や「スタートアップ」のテーマに絞り込んで、記事を投稿しています。

仕事の報告は、メールだと相手を選ばないとイヤがられますが、Facebookであれば

自然と伝えやすくなります。これによって「信用」度を上げていくことができます。

ちなみに、Facebookで仕事の実績をたくさん投稿している人は、「城持ちポジション」の人が多いです。城持ちポジションの人は、Facebookにもファンがたくさんいるので、いわゆる「Facebook営業」で自己PRしているわけです。

このように、Facebookをしばらく利用していると、Facebookのメッセンジャーで相談や仕事の依頼がちらほらくるようになります。しかも、かなり以前に知り合った人からも連絡がくることが多く、「薄く長く」関係が続くSNSの効果を思い知ります。逆に、投稿をまったくしていないと、存在を忘れられて、ほぼ連絡がこなくなります。たまにでもいいので、投稿することをおすすめします。

長い文章はブログでシェア

どうしても伝えたいことが多すぎて、長い文章になってしまう……というときは、ブログとFacebookを併用しましょう。

Facebookだと、相手のタイムラインに表示された自分の投稿が時間が経つと流れていってしまいます。ところが、ブログであればGoogleなどの検索エンジンの検索結果で上位に表示させるSEO対策が可能です。

とくに、ライターであれば、ブログに何を書いても売りになるはずです。仕事のためになることや、日常で起こったことを書いたりしている人もいます。

クリエイターにとくに人気なのが、文章や写真などのコンテンツを発表できるプラットフォーム「note」です。noteには、発表したコンテンツとFacebookを連動させる機能があるので、noteに投稿した内容をFacebookでシェアできます。さらに、コンテンツを一部だけ公開して、続きは課金してもらうといった仕組みにすることもできます。

「愚痴」と「説教」は命取り

Facebookやブログは、投稿内容から書いた人の人柄が見えやすいので、愚痴や説教を書くのはリスキーです。

ときどき、「(お客様のことだと想像できる内容で) 仕事ができないのは○○な人！」などと、まるで飲み屋で説教しているような投稿がFacebookのタイムラインに流れてくることがあります。それをうんざりしながら読んでいる人がいるかもしれません。実際、「Twitterに愚痴ばっかり書いていたら、本当に仕事がこなくなった」というフリーランスもいました。愚痴の投稿を見ている人は、「この人は自分のことも、こう書くのでは……」という心理が働くからでしょう。

自分が優位になるための、いわゆる「マウンティング投稿」や「マウンティングコメント」をすれば、自分の立場が危うくなります。

もちろん、日常のちょっとしたことをＳＮＳに適度に投稿するのは、人間味が出て親近感が増すので問題ありません。しかし、フリーランスにとってＳＮＳは、これまで関わってきた仕事や自分の得意分野を伝えるツールであって、ストレスを発散する場所ではないことは心得ておきましょう。

Facebookは仕事につなげるためので、墓穴を掘ることのないように

no. 21

「貢献できるコミュニティ」に参加して仕事につなげる

コミュニティは「好きな分野・得意分野」で探す

売れる流れをつくるための1つとして、私がもっともおすすめするのが、**自分が好きな分野や得意な分野と重なるコミュニティに参加していくこと**です。とくに、まだ仕事の実績やブランディングなど「信用」の蓄積が足りない方には、ぜひにと思います。

コミュニティを探すポイントは、ふだんから「自分が貢献できる&貢献したい人や場所」を意識することです。

あなたが、心の底から興味があり、貢献したいと思うコミュニティの人たちとは、自然と会話がはずみますし、人間関係も構築しやすくなるでしょう。いわゆる「共感」でコミュニケーションができるのです。

私は得意分野であるWebマーケティングのノウハウを活かして、スタートアップ系のイノベーティブな事業を生み出している起業家たちを応援したいという強い思いがあり、スタートアップに関係するコミュニティのイベントによく参加しています。無償でアドバイスをしたり、簡単なセミナーの講師を引き受けたりしています。

私自身のこういった取り組みによって、コミュニティでの信用や信頼が高まっていきますし、本気で応援したい（共感）という気持ちが伝わると、それがよい人間関係につながっていきます。何より、実際に参加したコミュニティから、多くの仕事につながっています。

「この人たちとチームになりたい」と思えるコミュニティが理想

コミュニティを探すときは、「仕事の発注者がいるコミュニティに参加しよう」と直接的に考えないほうがいいでしょう。

たとえば、「ライターは仕事を発注する側の出版社の編集者が集まるコミュニティに参加すれば、仕事につながる」というのは、私からすれば安易な発想です。

なぜなら、仕事の発注者がいることが明らかにわかるコミュニティには、自分と同じように「発注者と知り合いになりたい！」と思ってやってくるフリーランスがたくさんいるからです。そうなれば、コミュニティ内で自分の希少価値は下がるので、仕事で声をかけてもらったとしても、報酬の安い仕事になりがちです。また、ライバルがたくさんいるなかで仕事をもらわなければならない、まさにレッドオーシャンです。

また、「信用」もなく、自分の利益を目的だけに動いても、悲しいことに相手にしてもらえません。仕事目あてでテーマに共感しているフリをしても見透かされます。

ただし、これは「仕事の発注者のいるコミュニティに参加すること」自体を否定しているわけではありません。参加する意識の問題で、発注者のいるコミュニティに行って「あわよくば仕事に」という狙いではなく、**「自分もそのコミュニティのメンバーの一員となって盛り上げたい」と思えるものを探したほうが、結果的にうまくいきやすいからです。**そのような意識だと、仕事がはじまったときにも、「(仕事を)与える人」と「(仕事を)もらう人」という上下関係ではなく、「同じチーム」として仕事に向き合えるようになります。

すでに規模が大きく有名なコミュニティだけでなく、立ち上がったばかりのコミュニティもおすすめです。課題が多く、あなたが貢献できる余地が大きいことが多いからです。

コミュニティに参加することは、「明日から即仕事」といったようにはならないかもしれませんが、長期的に人間関係が広がり、継続的に仕事の相談がやってくるようになります。しかも、あなたを指名する仕事が増えて、値引きや価格割れも起きにくくなります。

イベントや飲み会を主催する

イベントに参加して知り合いをつくったら、その人たちを誘ってイベントや飲み会を主催するのもおすすめです。**主催者になれば、好きな内容でイベントをつくり込むことができますし、場合によっては「相談役ポジション」に近づけます。**

イベントを主催するというと、どんなテーマがいいのか悩んでしまうかもしれません。イベントのテーマは、「自分の業種」に絞った内容ではなく、「興味のある分野」がよいと思います。なぜなら、興味がないと続けるのが苦痛になりますし、ゲストにもきてもらいにくい（熱意が伝わらない）からです。

「私にはイベントを仕切るスキルがないし……」と思う人がいるかもしれませんが、イベントは講師を呼んだり、会場を手配したりすればよいだけなので、想像よりもラクにできます。イベントを主催するポイントは、**最初は知り合いに声をかける程度で小さくはじめることです。**いきなり結果を求めずに、まずはアットホームに知り合いに参加してもらうことをメインにイベントを開催します。イベントは、天候や偶然の状況で人があまり集まらないことがあるのですが、そういった経験をしても心が折れないように、コツコツ続けていくことが大切です。

また、イベントの参加者を徐々に増やしていくためには、定期的に、あなたのイベントに関係したゲストを呼んでいくと、マンネリ化せずに続けることができます。他のイベントとのコラボレーションもおすすめです。

私は読書会コミュニティ「ビジネス・マーケティング研究会（通称：ビジマ）」の運営者として、定期的に読書会のイベントを開催しています。読書会を開いているのは、「IT系スタートアップ」以外にも「本」という軸に強い関心があるからです。

すると、幸運にも私の主催した読書会に書籍の編集者が参加してくれて、著者や監修者として書籍の仕事が何冊も決まりました。じつは本書も、読書会がご縁で生まれた1冊です。イベントを通して、今までにない仕事につながることは少なくありません。

「貢献したい」と思うコミュニティはチームの一員になりやすく、仕事にもつながりやすい

no. 22

「相談」を「仕事」に変えていこう

「相談」から「仕事」につながりやすいケース

相談から仕事につながりやすいケースとしては、「新しい仕事（プロジェクト等）をしようとする人」と「今の外注先に不満を持っている人」が代表的です。

新しい仕事をしようとする人は、そのプロジェクトのメンバーとして、フリーランスにも声をかけることがあります。今の外注先に不満を持っている人は、「他に頼める人はいないだろうか？」と思っていて、アプローチしだいでは外注先を乗り換えてくれるかもしれません。

逆に、何の不満も持っていない人に「私はこんな仕事ができるんです！」といっても、「間に合っているから大丈夫です」と返されてしまいます。ラブラブな恋人がいる人に、いくらアプローチしても相手にされないのと同じことです。

売り込みはせずに、まず相手の話を聞く

多くのフリーランスの仕事のスタイルは、「受託型の仕事」が基本です。受託型の仕事は、「商品やサービスを売る」というよりは、**あなたのスキルでお客様の悩みや課題を解決することが仕事の本質です。**

それに仕事がほしいからと売り込むばかりでは、「信用」を減らすだけの人間になってしまいます。そのため、相手の悩みをいちばんよいかたちで解決できる方法を一緒に模索していくほうが仕事につながりやすいでしょう。

話しすぎれば、売り込みになってしまいますが、何も話さないと会話はふくらまず

に、掘り下げられません。**「相手に話してもらう：自分が話す＝8：2」くらいの割合がベストです。**「どんな仕事をしてきたんですか？」「どんなことに興味を持っているんですか？」と丁寧に質問をして、相手のことを理解していきましょう。

悩みを深掘りするときは、「自分の得意分野で、お客様の悩みを解決できること」を見つけていきます。「これは自分だったら役に立てる」と思うようなことをイメージしながら話を聞いてみてください。

ここで注意したいのは、**話が噛み合わなかったり、あまり役に立てそうになかったりする場合は深入りしないようにすることです。**コミュニケーションがうまくいかないなかで、根掘り葉掘り聞き出すと、感じが悪くなります。

お客様から、「やっぱりこの人に仕事を依頼してよかった」と思ってもらうためにも、お客様から悩みを引き出して、一緒に課題を解決していきましょう。

一緒にめざしたいゴールを探す

私はお客様の相談を仕事に変えられたとき、その会話には「うまくいくパターン」

が生まれていると感じています。

たとえば、相手がどんな人を求めているか、を自分も理解できているときがそうです。悩み自体が漠然としていて「Web マーケティングに詳しい人を探している」というお客様ではなく、「事業を成長させたいけれど、どうしたらいいかわからない」「今、行き詰まっているから、的確なアドバイスがほしい」と**課題を強く感じている相手とは、仕事につながりやすい傾向があります。**

それに、会話しやすい人や仲よくなれる人だったら、「もう少し詳しく話を聞かせてください」と悩みを聞き出しやすくなります。

さらに、お客様にとってのゴールも意識しています。たとえば、「(お客様の) 事業を具体的に成長させたい」というゴールをお互いに共有できていたら、そのゴールに向かって話を進めていくことができます。

しかし、「私が、とにかく仕事がほしい」とか「私が、Web マーケティングの知識があるので仕事したい」という目的だけだと、自分のゴールしか見えていないので、お客様から必要とされません。しかもそこで、「安く引き受けます!」とアピールしたら、ゴールが「経費削減」になってしまいますよね。

うまくいくパターンから遠いお客様からは、課題が出てきません。そんなときは、お客様に求められるタイミングがくるまで、気長に待つしかないと私は思っています。お客様目線でゴールを想像できるようになったとき、お客様がどんなことに困っているのか、よりわかりやすくなるでしょう。そのうえで、お客様の悩みに寄り添うことができれば、「お客様から必要とされるフリーランス」に近づくことができます。

「提案」は、あくまでも控えめに

相手の悩みを深掘りしたあとは、「もちろん仕事になればうれしいのですが、仕事にかぎらず、何か手伝えることはありませんか?」などというように提案していきます。また、相談をされたとき、自分の仕事と絡めた提案ができるように、提案のパターンはいくつか用意しておきましょう。

私は、「自分が絶対に役に立てる」と思ったときには前のめりで提案しますが、基本は超控えめです。あくまでも悩みの解決をサポートする立場なので、営業ではありません。「自分には、その悩みを解決できない」と判断したら、悩みの解決に役立ちそうな知り合いを紹介することも多いです。そのとき、とくに紹介料などはもらいません。少しでも「信用」を得ることができればＯＫと考えているからです。

まずはお客様と仲よくなったり、自分のことを知ってもらったりして、必要とされるタイミングを待ったほうがよいと思います。**フリーランスが仕事をもらうためには、「仕事を取りにいく」というよりも、「相手から選ばれる」ことが重要です。**

紹介してくれた人には、報告とお礼を忘れずに

フリーランスにとって、人を紹介したり、また紹介してもらったりする機会はとても大切です。**稼ぎ続けているフリーランスの多くは、紹介を中心に仕事をしているといっても過言ではありません。**

そのようななかで、気をつけたいのが紹介をしてもらったあとの対応です。好意で、人や仕事を紹介してもらう機会に恵まれたら、必ずその恩を忘れないようにしましょう。**とくに意識しておいてほしいのは、紹介してくれた方に、契約が決まった御礼や、**

その後のプロジェクトの経過報告など、必ず連絡を入れることです。紹介だけしてもらって音信不通というのは、かなり失礼です。

紹介してくれた方は必ずしも見返りがほしいというわけではないでしょうが、「紹介後にどうなっているのか？」など気になっているはずです。喜んでくれているのであれば、「また何か紹介しよう」という気持ちになりますし、逆に何の連絡もないと、「紹介が迷惑だったかもしれない」と、人によってはガッカリすることもあります。

もちろん、紹介をしてくれた人の役に立ちそうなことがあれば、できる範囲で恩返しすることを考えてみましょう。

相談を仕事に結びつけられるかどうかは、心づかいも大事

no. 23

すぐに仕事がほしいときの探し方

クラウドソーシングを利用する

ここまでは、中長期的に仕事が途切れないための話をしてきました。しかし、独立直後など、収入がなくて「とにかくすぐに仕事がほしい」というタイミングもあるかもしれません。偶然、一時的に仕事が大幅に減ってしまうこともあり得ます。

そんな方のために、単価や条件はともかく、すぐに仕事につながりそうなアプローチについて、また、そのメリットとデメリットを紹介したいと思います。

もし、今の自分にそれほど「信用」と「共感」がなくても、クラウドソーシングサイトを利用すれば、仕事につながりやすくなります。クラウドソーシングとは、大勢の人が集まる場所で業務委託のやりとりをすることで、2005年に新しい仕事の形として登場しました。あらゆるジャンルを網羅している総合型のクラウドソーシングの大手としては、「ランサーズ」「クラウドワークス」が有名です。

ただし、残念なことに、日本最大級のクラウドソーシングサイト「クラウドワークス」が2016年に発表した情報によると、月収20万円以上を稼いでいる人は、全ユーザーの約0・014%。クラウドソーシングで生計を立てることは、基本的に難しいことがわかります。

しかし、**クラウドソーシングサイトはスキルを鍛える場にもなるので、そのような目的で利用するのも1つの手です。**もし、あなたがフリーランスとして独立の準備中でしたら、実際に会社の看板なく仕事を請け負う経験をクラウドソーシングで積み重ねるのもよいかもしれません。

また、クラウドソーシングサイトで発注してくれた人とコミュニケーションがとれる（＝信用が生まれる）ようになれば、クラウドソーシングサイトの外でも、発注してもらえる可能性があります。

同じクラウドソーシングサイトでも「ココナラ」だと、自分のスキル（知識・経験）で稼ぎやすくなります。

ランサーズやクラウドワークスは、企業から指定された商品をつくって報酬をもらいますが、ココナラは自分の得意分野を売り出して、それを気に入ってくれた人から報酬をもらう仕組みがメインとなっています。

ランサーズで企業が発注する商品は、企業の言い値で受けるしかありません。ところが、ココナラで自分がつくり出した商品は、こちらの言い値で販売できるので、人気が出るとそれなりの収入が期待できます。ココナラのなかには、普通の会社員以上の月収を得ている人が、その他のクラウドソーシングより多い印象があります。

ココナラに向いている商品は、「企業側の都合で発注したい」ものではなく、「消費者として買いたい」と思えるものです。個別の細かいカスタマイズは向いていませんが、たとえば似顔絵の作成や占い系などは、比較的高単価で取引されています。

同業者のコミュニティやイベントに参加する

すぐに仕事を見つけたい人は、（長期的な視点で仕事がほしい場合を除き）同業者のコミュニティやイベントに参加するのも、フリーランス同士の人脈ができるという点ではよいと思います。

インターネットで、「自分の職種＋イベント」という検索ワードで探せば、同業者のコミュニティが企画しているイベントは見つかりやすいでしょう。

また、イベントだけではなく、同業者同士の飲み会で仕事につながる人脈ができることもあります。

しかし、同業者のコミュニティ内で紹介される仕事は、基本的に競争にさらされて安いことが多いので、「あくまでもフリーランスとして仕事につながる人脈の足がかりをつくる」と考えたほうがいいかもしれません（ちなみに、私は同業者の知り合いがほとんどいません）。

同業者のコミュニティに参加した際にぜひ探ってほしいのは、**同業者でどのような仕事のスタイルや案件を取っている人が稼ぎがいいのかという情報**です。コミュニティには必ず事情通がいるので、参考になる情報を聞き出せるでしょう。

さらに、イベントや飲み会の主催者と知り合いになれば、他のフリーランスを紹介されて、そこから仕事の情報が入ってくることもあります。

また、同業者でも自分と「違うジャンルの人」と知り合いになると、思わぬ仕事につながることもあります。異なるジャンルの人にとって、自分が希少性の高い存在であれば、報酬の高い仕事を紹介してもらえます。ジャンルが違っていても、お互いに「共感できる何か」があると、会話もはずむかもしれません。

同業者のコミュニティには「FreelanceNow（フリーランスナウ）」といった、登録無料の互助組織も存在します。1200名以上のフリーランスが登録しており（2018年1月時点）、フリーランスに関連したイベントを開催したり、コミュニティのなかで企業からの案件情報などが紹介されたりしています。エンジニアやデザイナーのような職種にかぎらず、ダンサーやマジシャン、ソムリエなどの特殊なプロフェショナルも所属しており、いろいろなタイプのフリーランスを歓迎しているようです。

仕事がもらえそうな、エージェントサービスに登録する

「食べていく」という意味では、いちばん現実的なのがエージェントサービスに登録することです。最近では、常勤や派遣社員以外の形態でも仕事を紹介してくれるフリーランス向けのエージェントが増えてきています。

エージェントサービスを利用すると、エージェント会社に20〜50パーセントほど手数料をとられてしまうのですが、食べていくのに困らない水準の報酬をもらえることが多く、当面の生活費の確保という意味では大変おすすめです（私が独立した10年前には、このようなサービスは、まったくといっていいほど存在しておらず、本当にいい時代になりました）。

私のおすすめは、「CARRY ME」というサービスで、Webマーケティング、広報・PR、営業、Webデザイナー、人事、事業開発など、さまざまなプロフェッショナル

のスキルをベースにフリーランスと企業をつなげてくれます。CARYY MEはユニークな仕組みを持っていて、スキルが極端に高いフリーランスでなくても活躍できる工夫があります。

具体的な報酬の相場は、週1～3回活動（客先に出社が多い）して月10万～40万円の収入につながるケースが一般的です。なかには週3回で月75万円の報酬といった高額の報酬を得ているフリーランスもいます。採用する企業は、現状IT系スタートアップが多いようですが、上場企業、大手企業も年々増えており予算の高い案件も増えつつあります。

他には、「Waris」といった人事・労務、経理・財務、広報・PRなど、文系総合職の女性に特化したエージェントもあります。

エージェントサービスの特徴としては、常駐で週1～3日といった案件のニーズが多く、報酬的にも手堅い傾向があります。ものによっては、在宅であったり、月1、2回の打ち合わせのみなどの仕事もあるのですが、拘束時間が長かったり、拘束場所があるものがどうしても多く、その意味でフリーランスとしての自由度は下がる部分があります。

逆に、あなたのスキルが高ければ高いほど、このあたりの条件の無理はきくようになるでしょう。こういったエージェントサービスが充実していくと、将来的には「職人ポジション」のフリーランスは、今まで以上に食べていくのが容易になるでしょう。

また、エージェントを利用することが、企業に必要とされるスキルがどの部分なのか、何を伸ばせばいいのかということも客観的に見えてくるのもメリットの1つです。

ただし、「仕事内容の自己裁量」「収入のモデル」などを、自分の望むスタイルにしていくためには、最終的には、自分自身で価値を高めて仕事をもらえる状況をつくっていきましょう。

すぐに仕事がほしい場合は、エージェントの利用も1つの手

フリーランスあるある②

"明日まで"にやったのに

3時間後——

ZZZ
ガバッ
鈴木さん、見てくれたかなあ。

たぶん「朝イチ」って9時くらいまでだよな…

次の日—

カチカチ…

せっかくなんとか間に合わせたのに、鈴木さん、見てくれたのかなあ。

メールも電話もない…

1週間後——

鈴木さんからメールだ…

カチッ
えっ?!!

“明日までに”がんばったのはなんだったんだー!!

くっそーぅ
こないだお願いしたデータ、ダウンロード期限切れてるから急いで再送してほしいんだけど。よろしくー。

メニープロダクション 鈴木

ストレスなく安定して稼ぎ続けるための仕事術

3

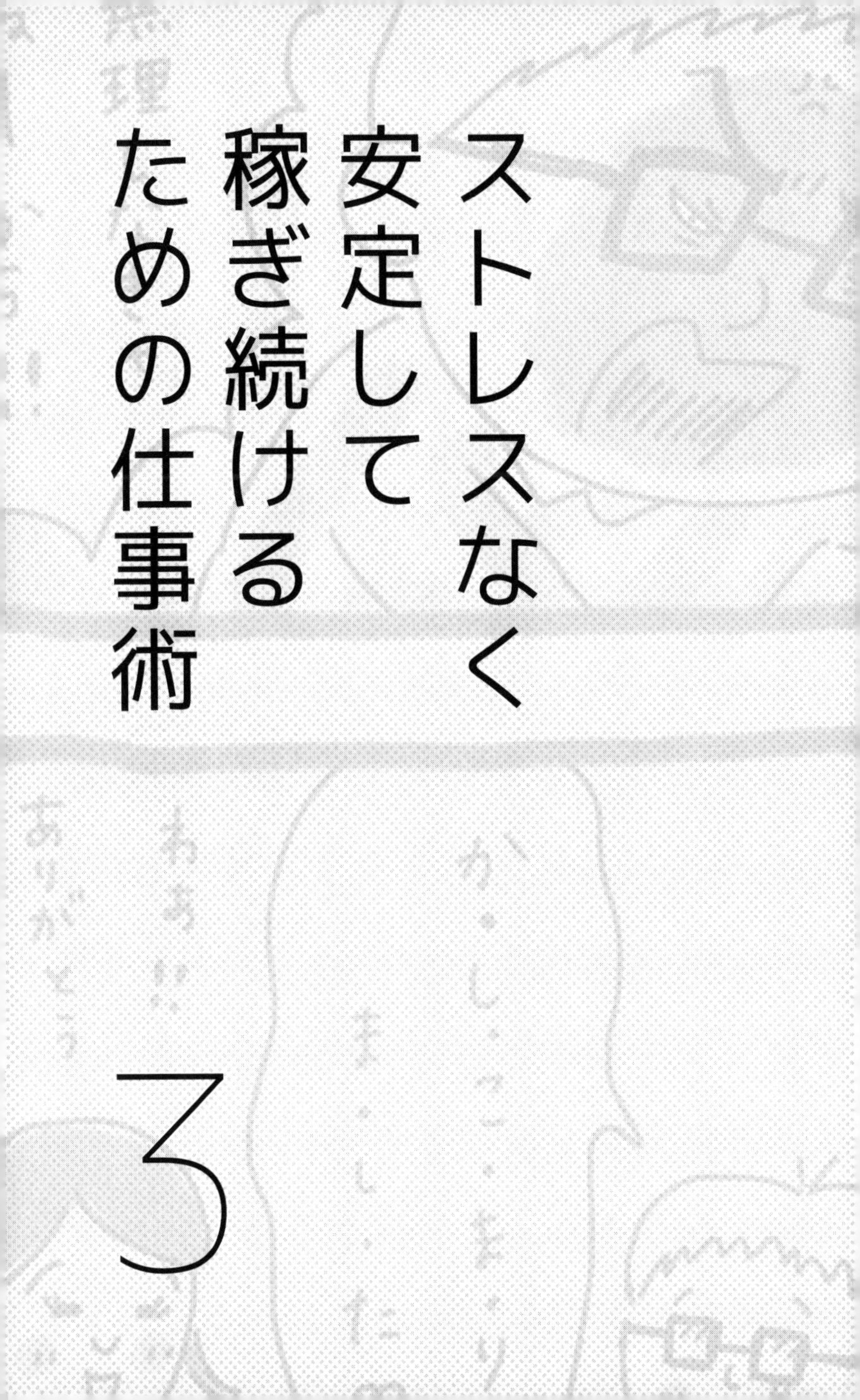

no. 24

ストレスの主な原因は「時間」「顧客」「収入」

「漠然とした不安」は先が見えないから生まれる

私は、フリーランスとして独立して1年半後、「時間に追われる」「相性の悪い顧客への対応」「収入の不安」というストレスのオンパレードを浴びて、心身を壊しました。

具体的にはうつ病になり、長い間、うつ病と付き合いながら心身をリカバリーする日々を送ることに。体調の悪いなかで、うまく仕事を回していくためには試行錯誤の連続でした。しかし、そのような経験があったからこそ、今となってはストレスを最小限におさえた働き方を身につけることができるようになったともいえます。

とはいえ、こんな経験はしないほうがいいに決まっています。そこで本章では、フリーランスならではのストレスをなくして安定して稼ぎ続けるための行動と考え方について触れていきます。

会社員と違って、フリーランスは組織が守ってくれるわけではありません。そのため、仕事が順調にきているときでも、「いつまで続けることができるんだろう……」「次も発注してもらえるのかな……」と漠然とした不安に襲われる人も少なくないでしょう。

不安は、その正体が見えないから起こるのです。漠然とした不安を払拭するためには、自分の状況を「見える化」していきます。

その1つとして、漠然とした不安を抱えている人は、**「今起こり得る最悪なこと」を書き出してみる**のも効果的です。それがわからないから不安になり、何をすればよいかがわかると不安もおさまります。

また、漠然とした不安に襲われて、「あれもこれもしたほうがよさそうだ」と気持ちが落ち着かない人がいるかもしれません。

そんな不安が起きるのは、具体的な数字やルールがまったくない状態で、なんとなく「もっと稼がなくては」「早くメールを返さなくては」などと、**「もっともっと病」**にかかっているときです。

まず、**「それをしなかったときに起こる、最悪なことは何だろう？」と考えてみます。**たとえば、「メールを返さなければ」と目の前の仕事に集中できない人は、「メールの返事を先延ばしにしても、仕事がなくなるわけじゃない」とわかれば、今日届いたメールに明日返信することもできるはずです。

他にも、売上が不安な人は、売上の満足ラインを数字にして「見える化」します。そこに達しているかどうかがわかると、いたずらに不安になることもありません。たとえば、「毎月40万円の売上ラインを達成できたらＯＫ」と決めれば、「今月は42万円も稼げたからよし！」と安心できるはずです。

フリーランスを続けていくためには、自分のつくり出した「漠然とした不安」にうまく対処するのが重要です。

自分はどんなことで悩んでいるのか？

フリーランスのなかには、「来月も仕事があるのか……」と不安で夜も眠れなくなったり、「安い仕事ばっかりで全然稼げない！」と嘆いたりしている人も少なくないでしょう。そのようなフリーランスの悩みやストレスの原因は、大きく分けると「時間」「顧客の選択」「収入」の3つです。

もし、今あなたに悩みがあるとしたら、これらの3つのうちどれにあてはまるでしょうか？　その人の価値観によっても悩みどころは変わるので、まずは自分の悩みを見つめ直してみてください。

フリーランスのストレスの主な原因（「時間」「顧客の選択」「収入」）は、フリーランスの3つの自由（「時間」「仕事の裁量」「収入」）とも密接につながっています。

そのため、せっかくフリーランスになったのに、その3つでストレスを感じてしまえば、フリーランスのメリットを受け取ることができません。

そこで、これら3つのストレスに巻き込まれないために、**まずあなたがフリーランスになった理由を思い出してみてください。**

たとえば、フリーランスになったのは「決められた仕事の時間から解放されて、自由に働きたい」と思ったからではないでしょうか？　それなのに、メールの返信の速さが自分の売りになってしまっていたら、仕事の時間に縛られたままです。

あなたはフリーランスになって、どんなふうに活躍する姿を描いたでしょうか？

不安は「見える化」して原因を突きとめることから

no. 25

フリーランスだからできる時間術

働く「時間」を自らコントロールできるメリット

フリーランスは、会社員のように9～17時などと勤務時間に縛られないのが利点の1つです。

通勤ラッシュの満員電車を避けることもできます（ちなみにフリーランスになって、よかったことを聞くと、通勤ラッシュからの解放を挙げる人が驚くほど多いです）。

平日の昼間に空いているお店や病院に行くこともできるので、時間を効果的に使えます。また、疲れたら平日の昼間に仮眠をとることだってできます。

このようにフリーランスは、自分のスケジュールに合わせて時間の調整がしやすいのです。


私は会社員時代、「早く定時になって、仕事が終わらないかな～」とよく考えていました。ところが、フリーランスになってからは、毎日「まだまだやりたいことがたくさんあって、時間が足りない！」と感じます。

とくに、ここ5年間くらいは「時間が余っているな」と感じる日が1日としてありません。それは、フリーランスが自分の時間をコントロールできるので、「フロー状態」を保ちやすく、時間があっという間にすぎるからだと思っています。

フロー状態とは、ものごとに没頭している状態です。会社員だと上司に話しかけられたり、電話対応したりしないといけないので、フロー状態を保ちにくいものです。でも、フリーランスは、自分の好きなように仕事環境や時間をつくりやすいので、フロー状態に入りやすくなります。

しかし、私はフリーランスになったばかりの頃は、お客様から電話がバンバンかかってきて、仕事の邪魔をされ、つらいときがたくさんありました。そこで今は、たとえば携帯電話はいつもマナーモードにしていて、作業中はあえて電話には出ず、都合のよい時間にかけ直すようにしています。

フリーランスは平日だけではなく、土日の時間も仕事に使えます。私は、土日の一部の時間に自分のやりたい仕事をしていますが、お客様からほとんど連絡がこないので、仕事を邪魔される心配がありません。

そう聞くと、ワーカーホリックに思われるかもしれませんが、平日に休みの時間を入れたり、子どもと遊んだり、妻の用事に付き合ったりと、全体としてバランスをとっているので問題ありません。

「自由」を得るための自己管理術

フリーランスが時間を好きに調整できるというのは、裏を返せば、**自己管理できないとダメ**だともいえます。

そのため、**自己管理ができて「生産性の高いフリーランス」と、ダラダラしていて「生産性の低いフリーランス」に二極化しがちです。**

自由を得るには、自分自身を管理しないといけません。ドイツの著名な哲学者のカントも「意志の自律こそが人間本来の自由だ」という意味のことを述べています。自己管理ができず欲望のままに生活していたら、それは自由な人間ではなく情動に支配された動物と一緒なので、まさにそのとおりだと思います。

自分が働いていない時間も、ITツールに働いてもらう

「うまく自己管理できない……」という人は、ITツールを活用するのもおすすめです。

たとえば、パソコンで作業中に「ちょっとだけFacebookを見ちゃおう〜」とSNSを開いてしまって、仕事が全然進まない、なんて経験はないでしょうか。かくいう私もネットサーフィンが好きなので、対策として時間管理ツールのアプリ「RescueTime（レスキュータイム）」を使っています。

レスキュータイムには、パソコンのあらゆる作業履歴を「生産的なこと」と「非生産的なこと」に区別して、グラフ化してくれる機能が付いています。

たとえば、生産的なことに「Excelの作業」、非生産的なことに「SNSの閲覧」を設定すれば、ソフトウェアを利用したあとに、その内訳がグラフでわかりやすく表示されます。私はこのツールを使って、無駄な時間を見直すようにしています。

また、レスキュータイムには、「Focustime」という機能があり、時間を指定してモードをONにすると、SNS、メールなどをいっさい見られなくするという機能があります。「今から30分集中したい」といったときに、とても便利です。

※「RescueTime」のダウンロードURL：www.rescuetime.com/ref/933474

深夜に働いていて、「夜中の27時に仕事が終わったけれど、夜中にお客様にメールをしたら迷惑だよな……」なんて思うことはないでしょうか。

しかし、Gmailなどのフリーメールサービスのほとんどは、メールの送信予約機能が搭載されていません。そこで私は、Gmailにメールリマインダーの拡張機能「Boomerang」を付け加えています。このツールを使えば、指定した時間にメールを自動送信できます。

一方、深夜に働いているお客様には、Boomerangを使い、夜中にメールを送るようにしていることもあります。同じように夜遅くまで働いている人を評価する傾向があるので（そういう価値観もどうかと思うのですが……）、ちょっとした対策です。

また、感情的になってお客様とネガティブなメールのラリーが続きそうなときも、数時間後にメールを送る予約をしています。

※「Boomerang」のダウンロードURL：http://www.boomeranggmail.com/jp/

最後に、メールについて誤解がないようにいっておくと、返信が速いと、確実にお客様の評価は上がります。仕事が少なくて暇であれば、メールをすぐに返信してお客様の評価を上げるのもいいでしょう。

けれども、あなたの価値が仕事のアウトプットではなく「メールの返信スピード」になってしまったら問題だと思いませんか。常にメールに振り回されていたら、何のためにフリーランスになったかわかりません。メールを返信する速度など関係なく、評価されるようにならなくてはいけません。

使えるITツール一覧

Gmail	メール	言わずと知れたメールサービス。メールを削除する必要がないほど大きなストレージと、過去のメールを一瞬で検索することができる Google ならではの検索機能が強み。gmail.com というアドレスがイヤな人は、独自ドメインでGmail が使える、G Suite の利用がおすすめ
Google カレンダー	スケジュール管理	スマホと PC 両方に対応したカレンダーツール。アラームや、チームでのスケジュールの共有など、必要な機能はすべてそろっている
Google ドライブ	ドキュメント共有	Google のストレージサービス。とくにおすすめなのがGootge ドライブ上で使える、Google 版 Word の「Googleドキュメント」と、Google 版 Excel の「Googleスプレッドシート」。すぐ数人で同時にファイルを編集したり、閲覧したり、コメントしたりと、情報共有に絶大な威力を発揮する
DropBox	ドキュメント共有、バックアップ	他の人とファイルの共有を行うこともできるが、Dropbox が便利なのは、パソコン上の指定したフォルダのデータを常に自動で同期してバックアップを取ってくれるところ。これで、いつパソコンが壊れても安心
freee	会計ソフト	クラウド上で動く会計ソフト。フリーランスの必須ソフト。クレジットカードやネット銀行口座を同期すると、データを自動で取り込み経理処理が格段にラクになる
税理士いらず	法人決算作成ツール	法人化したフリーランスが自分で法人決算資料をつくるときに、便利なサービス。半自動で大量の法人決算資料を出力してくれる
RescueTime	生産性見える化ツール	パソコン上で、何に時間を使ったか(閲覧したサイトや、アプリケーション)をすべて数値化してくれるツール。生産性を下げるサイトやアプリを一時的に禁止する機能もある
Any.do	タスク管理ツール	いくつか使ってみて、私が一番直感的で使いやすかったタスク管理ツール。リマインド機能や、タスクをさらに細く分ける機能など、必要なものがそろっている。操作感が抜群
Evernote	情報整理ツール	メモでもファイルでも、気になったブログ記事でも、あらゆる情報を記録して整理できるツールです。思いついたアイデアや、ブログの記事など、私はすべて Evernote に記録している
appear.in	ビデオチャットツール	ユーザー登録不要で使えるビデオチャットツール。通話したい人に URL を教えてアクセスしてもらうだけでビデオチャットがはじまる。Skype のように事前に ID を教えたりする必要がなく、非常に楽です。最近はZOOMというサービスも使いやすくおすすめ
skype	オンライン通話ツール	同じくビデオチャットツールだが、どちらかというと固定電話の代わりに、Skype で電話番号を取得して会社の代表電話として利用している

使えるITツールはどんどん駆使して、よりラクに自分をコントロールしていきましょう。仕事に追われず、生産性の高いフリーランスになれば、仕事を順調にこなしつつ、プライベートの時間も確保できます。

フリーランスは自己管理の巧拙が成果を分ける

no. 26

仕事に「追われる人」から「追いかける人」になろう

「終わらないTo Doリスト」を追いかけるのはやめよう

1日にこなす仕事の数が多くなると、「あれも、これもしなきゃいけない!」とパニックに陥りがちです。

そのようななか、するべきことをひたすらリスト化した従来の「To Do(やるべき)リスト」をこなしているだけでは、仕事に追われるだけです。結局、優先的な仕事かどうかにかかわらず、すべての仕事をこなさないといけません。

また、誰しも1日は24時間しかないので、「To Doリスト」に優先順位をつけてこなしていても、いずれ時間オーバーになります。さらに、当日いきなり入ってきた仕事をすると、本来すべき仕事に手をつけられず、朝つくった予定と大きく狂ってしまい仕事に追われてばかりになります。

そこで私は、さまざまな仕事術の本を読むなど研究し、とくに『仕事に追われない仕事術 マニャーナの法則 完全版』（マーク・フォースター／青木高夫訳／ディスカヴァー・トゥエンティワン）をもとに、「To Doリスト」の他に「今日やりたいことリスト」もつけるようになりました。

さらに「マニャーナの法則」に従えば、新しい仕事が割り込んで入ってくると、仕事の効率が落ちてしまうので、今日新たに発生した仕事は、翌日まとめて処理していきます。メールや電話が今日きても、返すのは明日です。

そして、メールや書類、「デイリー・タスク（あと片づけ、毎日発生する仕事、毎日しておきたい仕事、繰り返しの必要な仕事）」以外の自主的な仕事は、「ファースト・タスク」として処理すれば効率的だといいます。

私たちの脳は、どうも新しい情報として割り込みで入ってきたものを瞬間的に「重要」と感じてしまうようです。そのため、冷静に考えると、さほど急がなくてもいいような仕事でも、手をつけたくてしょうがなくなってしまいます。しかし、**すでに決められた「ファースト・タスク」をはるかに凌駕するような緊急かつ重要なものでないかぎりは、断固として翌日のタスクに回すのが正解です。**

これらを実践すると、想像以上にストレスが減って、仕事のスピードが上がることに驚くでしょう。

1日に「やりたいこと」と「やるべきこと」を1つ決める

「マニャーナの法則」では、ファースト・タスクを1つだけ設定していますが、それだと「やるべきこと（must）」だけをやり続ける人生になりがちです。すると、「自分の人生って、本当にこれでいいのかな？」と感じるようになるでしょう。

『7つの習慣』（スティーヴン・R・コヴィー／ジェームズ・スキナー、川西茂訳／キングベアー出版）の「緊急度」と「重要度」を分けたタスク管理など、世の中の大半のタスク管理は「重要度」で優先を判断します。

しかし、緊急は重要に勝ってしまうので、ほとんどの人は、「やりたいことはあと回しにして、まずはやるべきことだけできればいい」と考えてしまいがちです。これだと結局重要なタスクが「やるべきこと」ばかりになってしまいます。

やるべきことをすべてピックアップした「To Doリスト」をつけている人のなかには、「リストに書かれたタスクを追うこと」が目的になっている人も少なくないでしょう。とくに完璧主義な性格だと、「To Doリスト」の上から順番にタスクをこなさないと、気がすまないかもしれません。しかし、それではタスクに追われるだけで、ストレスが溜まっていきます。

自分の人生を楽しみたいと思ったら、大切なのは「やるべきこと」ではなく**「やりたいこと（want）」**のはずです。そこで私は、その日に1つずつ、「やりたいこと」と「やるべきこと」を決めるようになりました。

このときに重要なポイントは、**「やりたいこと」も「やるべきこと」も、必ず1つずつに絞ることです。複数あってもいちばん重要なものを選びます。**これらを決める毎日の習慣そのものが、自分自身と向き合うことにもつながります。

「やりたいこと」と「やるべきこと」というファースト・タスクをそれぞれ決めると、タスクのなかで優先事項がはっきりします。優先事項がはっきりとしている分、順番にタスクをこなしていく必要もなく、タスクに追われることがなくなるでしょう。

また、「やりたいこと」と「やるべきこと」を決める際には、こなせる量で細かく分けていきます。たとえば、「企画書をつくる」というタスクのなかにも、「本屋に行く」とか「競合のデータを調べる」などのタスクが発生します。なるべく細かいほうが、手はつけやすくなるはずです。

フリーランスがストレスを感じることの筆頭は、やりたくない仕事をしている時間ではないでしょうか。

会社員だったら、「会社から命令された仕事だから、しかたがないか」とイヤイヤ納得するかもしれませんが、フリーランスには仕事を選べる裁量があります。それなのに、やりたくもない仕事をしていると、とても不本意に思うのです。

しかも、やりたくない仕事に時間をかけすぎると、やりたい仕事をする時間が減っていきます。しかし、この方法を使えば、放置されがちの「やりたいこと」があと回しにならずに、「やるべきこと」と一緒に進めていくことができます。

毎日必ず「いちばんやりたいこと」を1つこなしていくと、格段に仕事が楽しくなります。

1日1つ「やるべきこと」と「やりたいこと」をまずしよう

no. 27

納期を延ばしてほしいときの上手なかけ引き

「緊急」の度合いを確認する

仕事が詰まっていて、なかなか身動きがとれないときにかぎって、「急ぎでお願いします！」と割り込みの依頼がやってくる、という経験はないでしょうか。そんなときは、**まず納期を確認すること**が重要です。

たとえば、お客様から「緊急でお願いします」と依頼されたとき、「今は仕事が詰まっていて、この納期だとギリギリになってしまいます。もう少し納期の変更は可能ですか？」と確認するのも１つの方法です。

すると、お客様のスケジュールに余裕があれば、「納期をずらすことはできるので、ぜひ仕事を頼みたいのですが」と柔軟に納期を変更してくれる可能性があります。

「スモールデッドライン」と「最終デッドライン」を設定する

複数の仕事を同時進行している場合は、しっかりと考えてスケジュールを組まないと、1つでもトラブルが起きれば、他の仕事のスケジュールに影響が出ます。そこで、仕事を受注するときは、何か起きてもリスケジュール（計画の変更）できるようなバッファ（余裕）のあるスケジュールにしましょう。

スケジュールを立てるときのポイントは、「スモールデッドライン」と「最終デッドライン」の2つを設定することです。**スモールデッドラインとは、「早ければこのくらいには終わるだろう」と予想した納品日のことです。最終デッドラインとは、**

「最悪でも、この日までに絶対に納品する」という納品日のことです。

「いつまでに納品できますか?」とお客様から聞かれたときに、「相手に喜んでもらいたいから」と、つい早めの納期を伝えてしまう人がいます。でも、仕事が思ったとおりに進まないと、よかれと思って早めに伝えた納期が自らの首を締めてきます。だからこそ、「最終デッドライン」を用意しておくのです。

「早ければ、火曜日(スモールデッドライン)までに納品しますが、金曜日(最終デッドライン)までには納品できます」と伝えれば、お客様もスケジュールの調整がしやすくなります。


このように、**「○日までなら可能ですが……」と2つの納期を提案することで、相手も可否を判断しやすくなります。**また、最終デッドラインには納品できるけれど、スモールデッドラインまでに納品できないとき、そのことをお客様に連絡すれば、「丁寧な人だな」とよい印象を持たれるはずです。

ただし、スモールデッドラインは、いつものクセで早めの納期をいいそうになって自分の首を絞めないためであり、必ずしもお客様に伝える必要はありません。何よりも守るべきは最終デッドラインです。お客様に対して、「納期に遅れる」というのは、やってはいけないことです。

もし、「最終デッドラインにも間に合わない」とわかったら、遅れる理由は正直に伝えたほうがよいでしょう。そこで言い訳をしても、感じが悪くなるだけです。

納期は「いつまでならできる」という見きわめが重要

no. 28

「仕事がきすぎてパンパン」な状態からは脱け出そう

休みなく働き続けている人は、仕事のやり方を見直そう

「仕事を効率的にこなそう」「報酬を上げる工夫をしよう」といった仕事を処理する能力は、自分のキャパシティを少し超えるくらいじゃないと進化しません。いわば、仕事を処理する能力を伸ばすことは、「筋トレ」と同じです。

筋トレでは、負荷や回数を上げて限界値を伸ばさないと、筋肉が発達しないように、自分のキャパシティを少し超えるくらいの仕事量じゃないと、仕事を処理する能力は

上がらないものです。

ちなみに、ここで使っている「キャパシティ」は、「決められた時間のなかでの仕事量」という意味です。たとえば、ふだん「子育てで忙しい」「家事で忙しい」という方は、そのかぎられた時間を徹底的に工夫をする必要が出てきます。

しかし、**「土日も休みなく仕事しているのに、仕事が終わらない……」と仕事に追われ続けている人は、一度、自分の仕事のやり方を見つめ直しましょう。**

仕事を処理する能力が上がるという点からは、一時的に仕事量がパンパンになるのはOKです。けれども、仕事量がパンパンの異常な状態が当たり前になると、場合によっては精神がおかしくなっていきます。

私もかつて、忙しすぎる状態が当たり前になって、気づいたら精神的にきつい状態になっていました。忙しいのが常態化していくと、だんだん感覚が麻痺してくるので、自分でも気づかぬうちに、心は壊れてしまうものです。

人間は習慣を変えないかぎり、瞬間的・反射的に起こる出来事に対して、同じ反応を繰り返し続けます。つまり、忙しさが常態化していると、それに慣れてしまった習慣を変えないかぎり、いつまでも忙しい状態を繰り返し続けてしまうのです。

会社員だったら、「忙しそうだけれど、大丈夫？」と客観的に自分のことを判断してくれる上司や同僚がいますが、フリーランスにはそのような存在がいません。

そこで、忙しさに流されないために、自分の状態を定期的に点検していきましょう。そのためにも、まずは自分のキャパシティを知って、その**キャパシティの8割くらいが埋まるスケジュールを組んでみてください。**私の感覚では、繁忙期は1か月に1、2回くるような状態が理想です。

打ち合わせの数はグラフ化するべし

同じ「忙しい」状態でも、「よいもの」と「悪いもの」があると私は思っています。そのどちらかを見きわめるバロメーターとして、忙しさをグラフ化していきます。**グラフ化して仕事の傾向を分析しないと、いつまで経っても現状は変わりません。**自分の状態を点検するのはとても大切なことです。

フリーランスのなかでも私のようなコンサルティング業は、人に会う回数が多いほど忙しくなります。そこで、「商談回数」「打ち合わせの総数」「会った会社の数」「実際に商談が成立した数」の４つを軸として、毎月グラフ化していきます。カメラマンや音声起こし業など、打ち合わせがあまり必要ないかもしれない職種の人もいます。そのような職種の人は、たとえば「プロジェクト数」「納品件数」「売上」など自分の仕事に合わせたものを軸として、グラフ化してみましょう。

そのグラフを見れば、「こんなグラフの状態のときは忙しいんだな」「仕事に困らないのは、これくらいの数の打ち合わせをこなしたときだ」とわかります。１つの組織の打ち合わせの回数が多いときは、自分の交渉力がなくなっているので、危険なシグナルです。それに、打ち合わせにどんどん顔を出しているというのは、自分の作業時間を減らして、タダ働きをたくさんしているともいえます。

私はこのグラフをつくったことで、「会う企業の数を10社前後に絞ったうえで、打ち合わせの回数を極力減らせば、年収１０００万円を越えても時間の余裕ができること」がわかりました。打ち合わせの回数や、商談の数ではなく、重要なのは仕事をした企業数や売上です。

このような感じで、自分の行動を数値に落としてデータ化していくと、自分の仕事の傾向がつかめます。たとえば、「売上」があまり変わらないのに、「プロジェクト数」や「納品件数」のグラフが増えていたら危険です。それは、必要な利益は出ているけれど、身体を壊しそうなほど忙しかったり、薄利多売になっていたりする証拠かもしれません。

こうやって**仕事の状態をグラフ化するのは、うまくいっていない現状を改善するためです。**原因を分析することで、未来を変えるヒントが見つかります。

仕事の状態を「数値化」することで傾向と対策を知ろう

no. 29

忙しくても、基本的に人は雇わない

フリーランスとは、人生のリスクを最小化する生き方

相談をたくさん受けるタイプのフリーランス（たとえば、コンサルタントなど）は、アウトソース（業務の一部を他の人に業務委託すること）の量が多くなると、「人を雇うべきなのかな？」と悩むかもしれません。

しかし、**「会社組織にして大きくしたい」と考えているわけではないならば、私は基本的に人は雇わないほうがよいと考えています。**

外注したり、従業員を雇ったりすれば、キャッシュフロー（現金の流れ）がすぐに危なくなって、赤字や倒産のリスクがあるからです。

自分だけで活動していれば、1人分だけのリスクですみます。人を雇うというのは、「他人の人生」も背負うことになるので、ある意味大きなリスクともいえます。

逆に、人を雇って事業を広げたいという気持ちが芽生えたら、フリーランスから「起業家」や「事業家」に変わるタイミングでもあります。「フリーランス」と「起業家」は、まったく違う生き方になるので、あなたがどちらに進みたいか、よく考える必要があるでしょう。

テクノロジーがあれば、人を雇う必要はない

私はリスクを最小化するための1つの手段として、出費をなるべく減らすようにしています。法人として登記していますが、税理士は雇っていません。その代わりに、クラウド会計ソフト「freee」で会計処理をしています。

詳しくは第4章で触れますが、freeeを使えば、経理や簿記の知識がない人でも、ラクに決算書を作成できます。また、銀行やクレジットカードのWeb明細から帳簿の作成ができるので、会計処理に膨大な時間を使う必要はありません。それに、freeeを使うと、請求書の作成～送付～消込もラクになります。

クラウド会計ソフトの話は一例ですが、手間のかかる会社のバックオフィスは、全部テクノロジーが処理してくれます。私はITリテラシーのないフリーランスは、今後稼ぐことができないとさえ思っています。

テクノロジーを使いこなせば、フリーランスの効率や収益性は、ガラリと変わります。**「人を雇わない代わりに、テクノロジーには金を払うべし」**が私の信条です。

「フリーランス」か「起業家」をめざすかで、生き方も異なる

no. 30

「顧客の選択」で失敗しない

フリーランスは、お客様を選択できる

社会人になって、「この人は苦手だけれど、仕事だから付き合わなきゃいけない……」と思った経験はないでしょうか。このように**仕事の悩みの多くは、突き詰めると人間関係にまつわるものです。**

ただし、フリーランスと会社員の人間関係では、はっきりと違う部分があります。

それは、会社員は仕事の人間関係を選ぶことができませんが、**フリーランスは付き合うお客様を選べる点**です。

地雷客に注意する

仕事をしていて、「このお客様は無茶ぶりするけれど、引き受けるしかない」とか「あと少しの期間だから我慢しよう……」というシチュエーションもあるかもしれません。これらは「顧客の選択」の問題です。

私も顧客の選択ができなかったときは、いつも何かに急《せ》かされていました。「早くメールを返さなきゃいけない！」とプレッシャーがありましたし、電話がたくさんかかってきたのもストレスでした。

これはお客様のペースに完全に飲まれた状態で、しかも安い仕事ばかり引き受けていたので、とにかくドツボにハマっていたわけです。そこで、お客様のペースに合わせてばかりだと、自分が苦しくなってしまうので、私はストレスをコントロールするようにしました。

フリーランスが「お客様を選べる」という点で、注意すべきは**「地雷客」を選ばな**

いことです。ただし、お客様を選べるくらい仕事がある状況でないと、そのなかから「よいお客様」を選び、地雷客を避けることができないのはいうまでもありません。

私はフリーランスになったばかりのときは、ほとんど仕事がない状態でした。声をかけてくれるお客様をひたすら受け入れていましたが、それだとイヤなお客様の、イヤな仕事に振り回されてばかり、ということも少なくありません。その意味でも、前章の「集客の重要性」はどれだけ強調してもしすぎることはないと考えています。

仕事を選べるようになると、声をかけていただいたお客様のなかから、自分にとって「よいお客様」と「地雷客」を見きわめて選ぶことができます。

業種や会社の口コミをチェックする

地雷客を見分けるポイントは、ぜひ覚えておいてください。

まずは、その会社の**「業種」**に注目します。私のところにはWebマーケティングに関連した広告代理店の下請けの案件がくることもあるのですが（今は受けておりません）、リスキーな案件もあります。

とくに「徹夜しなくちゃ終わらない」というようなブラックな労働環境の広告代理店は、こちらに納期の無茶ぶりをすることがあります。作業をあとから追加、変更されることもよくありました。私の経験上、広告代理店を挟んだ下請け仕事はハードワークな傾向があります。**発注先の業界の文化などは、そのままあなたの仕事に直結する**ので事前にできる範囲で調べておきましょう。

また、「引き受けてみたら、とんでもない案件だった！」ということを避けるために、**「取引先の傾向」**もつかんでおきます。取引先の傾向を知るための1つとして、転職サイトの「転職会議」や「Vorkers」などに書き込まれた「会社の口コミ」のチェックをすることもおすすめです。

転職サイトには、実際に働いていた人の感想が書き込まれています。社員が書いた社内の口コミですが、発注先のフリーランスも同じように巻き込まれる可能性は高いです。フリーランスは雇用契約がない分、扱いがよりシビアなことがあるので注意しましょう。

たとえば、「深夜残業の多い会社で、みんなイライラしていた」と書き込まれていたら、その会社の仕事を請け負うフリーランスも、そのイライラに巻き込まれる可能性があります。「社長のひと言で仕事内容がコロコロ変わる」と書かれていたら、フリーランスもその対応に振り回されるかもしれません。なかには、事業計画が思いつきで転換する会社もあるので、あなたの仕事ぶりに関係なく、お払い箱になることもあります。

「よいお客様」は柔軟さがある人

私の考える**「よいお客様」とは、柔軟な対応で交渉する余地のある人です。**たとえば、こちらが仕事でスケジュールが埋まってしまっているときに、ある程度の納期の調整がきくと、仕事を受けやすくなります。それに、仕事では想定外のことも起きるので、さまざまな状況で話し合える余地があることも重要なポイントです。

また、同じ会社の人でも、担当者によって仕事のやりやすさは変わります。「前の担当者とは意思疎通がしやすかったのに、今度の担当者は何をいっているかわからない」ということもあります。これは、お客様の会社のカルチャー、担当者の性格や能

力などにも左右されますが、人間対人間の相性によっても変わります

たとえ「理不尽な仕事」でも、許せること

関心のある仕事や好きな人と仕事をしているときは、楽しくできるので、多少の理不尽なことがあっても許せるはずです。そのため、依頼された仕事に関心のあることや、そのお客様を好きかどうかも、お客様選びで大切なポイントです。

しかし、関心のあることや「お客様の人柄のよさ」ばかりを重視して仕事を選ぶと、あとで理不尽な目に遭ったとき、「この仕事を引き受けなければよかった……」と後悔することもあります。たとえば、「このお客様はいい人だから、激安な仕事だけれど引き受けよう」と仕事を断らないようにしていたら、報酬は変わらないのに、仕事内容がどんどんハードになってしまうなんてことも。

引き受けたことを後悔しないために、**納得感の高い仕事を追求する姿勢**も大切です（187ページ「『収入』はどうコントロールするのか？」で詳しくご説明します）。

「打ち合わせが多いお客様」と「お金のないお客様」も要注意

「打ち合わせが多いお客様」と「お金のないお客様」にも注意してください。

ときどき、「まずは打ち合わせを」といいながら、打ち合わせばかりしたがるお客様がいます。そんな打ち合わせがダラダラと続きそうなお客様とは、基本的に取引しないようにしましょう。

打ち合わせの時間が長かったり、打ち合わせの回数がやたらと多かったりするお客様が1社あるだけで、一気にあなたのスケジュールは過密になります。とくに契約前の状況でそれだと、先が思いやられます。

もし、打ち合わせの内容が書かれていないが「会いたい」「話を聞きたい」といったメールが届いたら、「どんな内容の打ち合わせですか?」とまずは確認するといいでしょう。

もう1つ要注意なのは、明らかにお金を出せないお客様です。私は「かなり安請け合いなってしまう」と感じたら、お互いのためにも「このくらいの金額がかかりますが、いかがですか？」と早めに報酬額を伝えるようにしています。

ストレスを溜めず、仕事でよい結果を残すためには、一緒に仕事をするお客様選びは重要です。「このお客様とはモメるかもしれない」と多少なりとも感じたら、まずは地雷客になりそうな条件がいくつか該当するか考えてみてください。そして、もし地雷客の可能性が高いと判断したら、角の立たない言い方でお断りしきましょう。

地雷客は「業種」「ネットの口コミ」「企業文化」「相性」などで判断

no. 31

感じが悪くならない催促のしかた

相手が不快にならない伝え方を意識する

フリーランスには、「この日に○○をしないといけない」と教えてくれる会社の上司や秘書のような存在がいません。そのため、「請求書の送付」や「入金の確認」もフリーランスにとっては自分でやらなければならない大事な仕事です。

まず請求の漏れがないように、ITツールなどでスケジュールを管理しながら、お客様に確認するタイミングを逃さないようにしましょう。

ところが、請求書を発行するタイミングを教えてくれないお客様や、期限までに入金してくれないお客様もいます。だからといって、「早く入金してください」などと自分の正当性ばかり主張すれば、お客様とモメかねません。そこで、感じよく催促するテクニックを紹介します。

請求書には、「送るべきタイミング」があります。お客様の都合を考えずに勝手に請求書を発行すれば、お客様を困らせてしまいます。しかし、請求書を作成しないと、いつまで経っても報酬を受け取ることができません。

何かをお願いするときは、「催促」ではなく、疑問形で「確認」することがポイントです。「請求書を送付するタイミングを知りたいのですが」と切り出すよりも、「いつ頃、請求書をお送りするとよろしいでしょうか？」とお客様の状況を確認すると角が立ちません。

また、請求書を送ったにもかかわらず、指定日に入金されていないという場合にも、もしかしたら経理の担当者が振り込むリストから間違えて外してしまったり、銀行口座の情報を間違えていて、組戻しになっていたりする可能性もあります。経理業務も人間がやるものなので、実際に他意なくミスは発生し得るものです。

入金予定日に入金が確認できないときには、数日以内にすぐ連絡しましょう。これは早いほうが絶対にいいです。そうすれば、お客様は早い段階で経理上のズレを修正することができます。あなたも早めに状況を確認できたほうがストレスが少なく、余裕のある対応ができるはずです。

ここでも、疑問形で「確認」していきます。「手違いでしたら大変恐縮ですが、まだ入金が口座に確認できておりません。お手数ですが、ご確認していただけましたら幸いです」などと伝えると、感じよく問い合わせすることができます。

また、対応してもらったら相手のミスが原因だとしても、必ず対応していただいたことに対してお礼をいいましょう。ミスは誰にでもあります。自分がミスをしたときにも、丁寧に対応していただいたほうがうれしいものです。

「お願い」や「催促」は、疑問形で確認するのが基本

no. 32

「理不尽な要求」の断り方

複数の案件を依頼するお客様には「優先順位」を確認

今、依頼されている仕事があるのに、「これもお願いします！」と仕事を次々と投げてくるお客様もいたりします。そういうお客様は、けっこう思いつきで依頼してくる傾向も多いです。でも、依頼される側からしたら、「どの仕事も早く終わらせなければならない。どうしよう？」と焦ってしまいます。

まず、複数の依頼がきて、「どれから対応していいんだろう？」と思ったら、Googleのスプレッドシートや Excel などに案件をリスト化しましょう。

そして、**お客様にもその情報を共有してもらったうえで「新しい案件を優先すると、**

先にご依頼された案件が遅れてしまいますが、いかがいたしますか？」と確認していくのです。そうやって案件の優先順位がお互いにわかっていれば、お客様に迷惑がかかることもありません。

理不尽、腹が立つメールは、すぐに反応しない

こちらはさんざん仕事の納期を前倒しして納品しているのに、さらに追加の作業を投げ込んでくる……。そんな理不尽な内容のメールが届くと、イラッとしますよね。また、すごく冷たい文面で仕事の細かいミスを指摘しながら「わざわざいわなくてもわかると思うのですが」みたいなイヤミな表現など……。内容ではなく文面や表現のせいで読んでいて腹が立つメールもあります。

しかし、そんなとき、**すぐに反応すると感情的な返信になりがちです。**作業スペースから一度離れて、散歩や昼寝でもするのがおすすめです。できれば、1日くらい時間を置いてから返信したほうが、余計なモメごとが起きません。

一度、冷静になって頭を整理してみると、「あれ？　さっきほどムカつかないな」と思えるかもしれません。しかも、たいていイラッとするのは文章の一部分で、全体でとらえてみると、そこまで理不尽なことは書かれていないことも少なくないです。それに書き方が悪いだけで、相手は悪気がないこともあったりもします。

理不尽と感じたり、腹が立ったりするメールには、ひと呼吸置くのが鉄則です。

「できないとき」は相手に断らせるようにする

仕事の依頼がきても、「やりたい仕事だけれど、どうしても作業時間が確保できない」というときがあります。しかし、断り方を間違えると、次から依頼がこなくなったり、相手との関係性が悪くなったりするので、断るのは神経を使います。

そんなときは、**一見すると断っていない言い方をして、相手から断ってもらう方法があります。**

たとえば、「今とても仕事が詰まっているので、1か月後の納品となりますが（実際に、このスケジュールならできる予定を伝えます）、それでもよろしいでしょうか？」と確認してみるのです。すると、相手はそこまで待てない場合、「今回は残念ですが、他の方に依頼しますすね」と相手から断ってきます。

「断らなければならない」ということは同じでも、言い方ひとつで印象がだいぶ変わります。こちらから「無理です」と断るよりも、「1か月後になりますが……」といえば、相手も「断られた」とそれほど不快に感じません。

できるだけ今後もお客様との関係を続けていきたい気持ちがあるときは、そんなふうに伝えるのも手です。

絶対に断りたいときは時間をかけない

仕事をしているなかで、「無茶ぶりばかりされるから、もうこのお客様とは続けるつもりはない」とか「将来性も収益性もないお客様だから、もう取引したくない」と思う仕事もあるかもしれません。

「今後つながらないものに時間をかけても無駄だ」と思うとき、私は「今は忙しくて受けられません。お声がけいただきありがとうございます」などと時間と労力を極力かけないよう、テンプレートで用意した文章を送っています。

断るときは、「できれば今後も続いてほしいお客様」と「もう取引したくないお客様」とで、それぞれの対応法は異なります。

言い方ひとつで心象は大きく変わる

no. 33

「収入」はどうコントロールするのか？

売上を「見える化」しよう

「好きな仕事だけれど、報酬が安くて生活がギリギリで……」

「報酬の高い仕事に頼っていたら、その仕事がなくなった……」

フリーランスは、そんなふうに思ったように収入が得られなくて、ストレスを抱えることもあり得ます。私も、独立して数年は売上の上下が激しく、まったく収入をコントロールできませんでした。

私は試行錯誤した結果、セグメント（同じような属性を持つ固まり）ごとに売上を分け、その組み合わせのバランスを見ながら、お客様を選択するという方法にたどり着きました。

セグメントごとに売上を分けるというのは、いわば「売上の見える化」（＝売上を階層ごとに分けること）をすることです。**売上を「見える化」するためには、「ベーシックインカム（基盤となる収入）層」「収益層」「投資層」という3つの層に分けていきます。**

「ベーシックインカム層」には、報酬が高くなくても、ずっと継続している仕事が入ります。たとえば私の場合、長期的な顧問契約を結んでいる会社は、仕事量にかかわらず報酬が発生するので、継続しやすい傾向があります。このベーシックインカム層の仕事で、毎月の生活費を確保していきます。

また、売上金額が低くても、継続性が高かったり、お客様との相性がよくストレスが少なかったりするお客様も「ベーシックインカム層」に入ります。「ベーシックインカム層」に入るのは、体調不良や家族のトラブルなどが起きても続きやすい仕事かどうかも重要な基準です。仕事が途切れると、人間関係が切れやすくなりますし、も

収入を「見える化」しよう

月の収入が50万円あったとしたら（例）

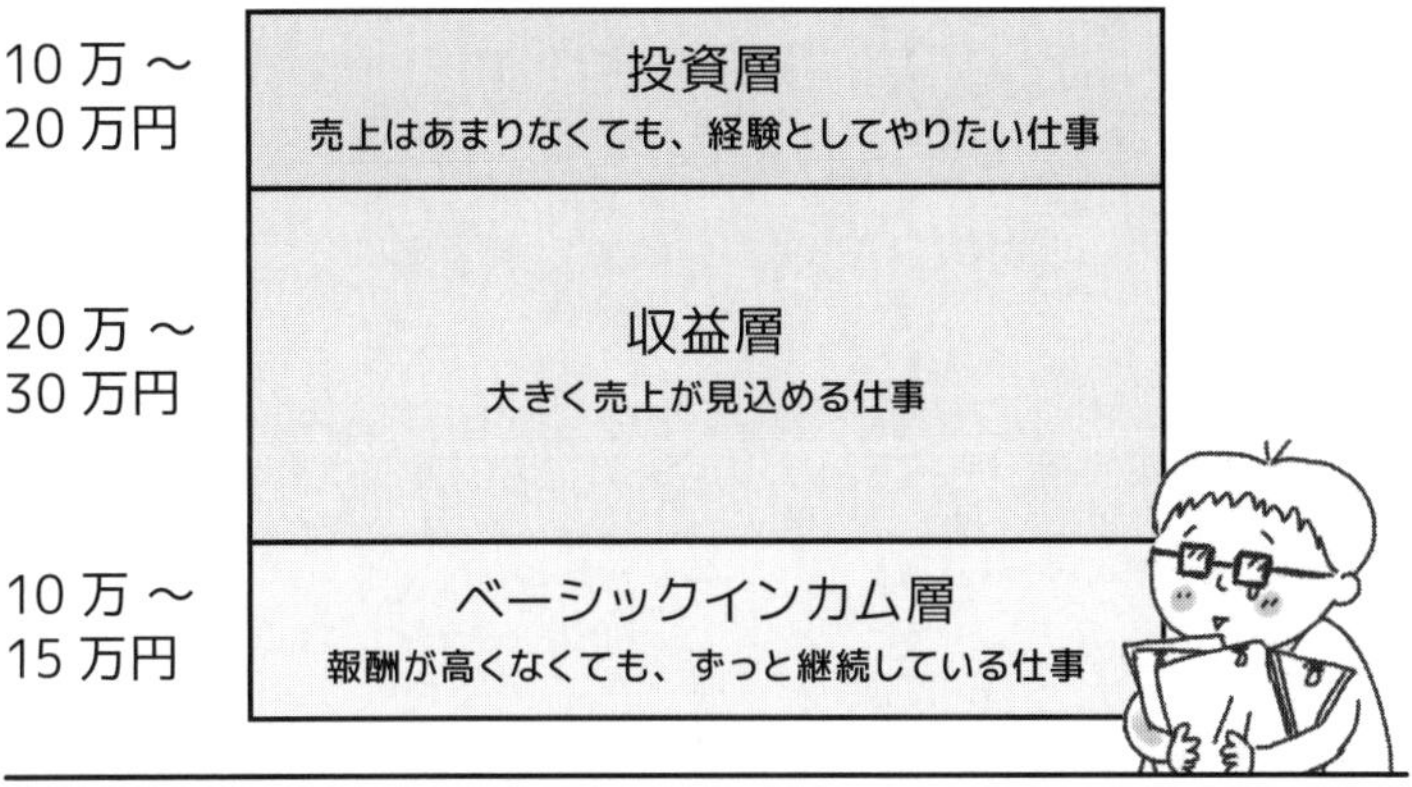

う一度仕事をもらえるようになるまでが大変だからです。

そのため、病気などをしたときでもできるだけ収入に響かないよう、打ち合わせが月1回程度ですむお客様や、遠隔でのミーティングや作業でも問題ないお客様など、途切れにくい仕事を確保しておきます。私はうつ病でダウンしていた期間も、こういったお客様の存在で何とか自己破産せずに、細々と事業を続けることができました。

フリーランスとして駆け出しの頃は、報酬が多少安くても長期で契約してくれる、もしくは継続して契約してくれるお客様をいかに早く見つけられるかによっ

て、安定した事業運営につながります。

「収益層」には、大きく売上が見込めそうな仕事が入ります。たとえば、大きなプロジェクトで、売上が一気に上がる大企業との仕事がそうです。がっつり作業が発生したとしても、それに見合う報酬をもらえることが前提です。たとえ継続しなくても、儲けが出るような仕事は収益層に入れて、売上を伸ばしていきましょう。

「投資層」には、売上はあまりなくてもいい仕事が入ります。たとえば私の場合は、資金調達前のIT系スタートアップ企業との仕事がそうです。資金調達前なので、報酬はそれほど見込めませんが、自分の興味関心の高いスタートアップ企業の仕事に関わることで経験を得られ、積み重ねるとやがて実績になります。

この**「投資層」に入る仕事で、好きな分野のスキルを磨き、さらに高い能力を身につけながら、自分のポートフォリオ（作品集）に好きな仕事の実績を増やしていきましょう。**私の場合は、常時2割以上の仕事を、この「投資層」にあてています。

売上を「見える化」することで、好きな分野にもチャレンジしつつ、安定した収入を確保しながら、生活をしっかりと回すことができるのです。

分析して「大切にしたいお客様」を確認しよう

いくら好きな仕事だからといって、「投資層」のお客様ばかりだと生活できません。そこで、売上を「見える化」した3つの層のバランスを決めて、それぞれの層に使うべき仕事時間をはっきりとさせます。

たとえば、1か月100万円の売上額をめざしているならば、ベーシックインカム層に20万〜30万円、収益層に40万〜60万円、その残りが投資層となるように意識します。売上のバランスを考えたら、それぞれの層にお客様をあてはめていくのです（お客様はこの3つにきっちり分かれるのではなく、重なり合うことも多いです）。

それぞれの層に入るお客様がわかりやすいように、私はホワイトボードを活用しています。ホワイトボードにそれぞれの層を描いて、「A社」「B社」と書いた付箋を貼ったら、その付箋を月に1、2回入れ替え、自分にとってバランスのよい分類を見つけていきます。

そして、売上を「見える化」した3つの層にあてはめたお客様を、「収益性（売上の高い仕事か）」「将来性（自分の売上が将来増えるか）」「投資・関心（自分のスキル・知識への投資）」という3つの指標で考えていきます。

この3つのパラメータで、付き合いたいお客様が見えてきます。もし1か月に平均2時間しか対応していないけれど、10万円の顧問料を支払ってもらえたら、収益性は「◎」になります。

たとえば、C社が「収益性・将来性・投資&関心が◎」だったら、C社からちょっと無理をいわれても対応しよう、と思えるでしょう。一方、D社は「収益性・将来性・投資&関心が×」だったら、D社よりもC社のために時間を使おう、と感じます。

ただし、単純に「収益性＝報酬」と考えると、報酬の高さにつられてしまうので、注意してください。収益性は、「労働時間に対する売上」と考えましょう。「仕事の時間が少ないのに売上が大きいな」と感じるときは、収益性が高い仕事になります。いわば、割に合うかどうか、です。たとえ報酬がよくても、毎日とても忙しくて、打ち合わせがたくさんある会社は、収益性が「△」と判断していきます。

数値化して「大切にしたいお客様」を確認

	収益性	将来性	投資・関心		
C社	◎	◎	◎	⇒	多少無理をいわれても対応しよう
D社	×	×	×	⇒	優先順位は低くなる
E社	◎	△	×	⇒	いくら収益性がよくてもお得意様にならないことも
G社	△	◎	◎	⇒	先を見すえると、大事なお客様になるかもしれない

また、E社は「収益性が◎」でも、「将来性△」「投資&関心が×」ならお得意様にはなりにくい可能性が出てきます。F社は「収益性△」も、「将来性◎」と「投資&関心◎」であれば長期的には大事なお客様になるかもしれません。

もちろん、どのお客様と付き合いたいかは、その人の考え方によっても異なります。「ギリギリ食べていけるだけのお金があれば、好きな仕事をして生きていきたい！」と収益性をほとんど気にしない考え方もアリでしょう。

私は、「収益性×」「投資・関心◎」だとしても、その仕事から学べることがあるとしたら、気持ちのうえでは引き受けたいと感じますが、やはり報酬もある程度はもらいたいタイプです。そのため、「収益性」があまりに低いと尻込みしてしまいます。

ただし、私の場合は、何でも「仕事」として稼ごうとしているわけではなく、自分の貢献したい分野でもある、新しく起業した人、これから起業して具体的なサービスの準備をしている人たちには、無償で相談に乗ったり、頼まれれば簡単なセミナーなども引き受けたりしています。このあたりは、自分なりに線引きをしましょう。

このように分析すると、人間味のないシビアな印象を受けるかもしれません。しかし、フリーランスはいくらあなたがお客様に片思いをしたところで、先方の都合で、いつ仕事が切られるかわからない立場です。

お客様に対する信頼関係とリスペクトは絶対に必要ですが、気持ちのうえで依存状態にはなってしまわず、冷静に見るべきところは見てお付き合いましょう。

とにかく何でも仕事を受けていたら、収入が安定しません。お客様を将来性などで多角的に判断しつつ、ストレスなく稼げる収入のバランスを見つけてみてください。

お客様は「バランスよく」が理想

フリーランスは、取引先を1つのお客様に絞ると危険です。

たとえば、1年間で1000万円の売上があるフリーランスがいて、その内訳は1000万円の報酬をもらえるA社からだったとします。そのような大口のお得意様がいると安心するかもしれません。しかし、A社に100パーセントの時間を使う生活というのは、いざA社との関係がうまくいかなくなったり、また万が一、A社が倒産したりしたら、一気に生活が回らなくなってしまいます。

実際に、私も同じような状態を経験したことがあり、生活するのに十分な収益があったにもかかわらず、常に不安に襲われていました。

1つのお得意様だけに集中しないように、最低限の生活費は、「ベーシックインカム層」の案件で稼ぎます。 もちろん、生活がある程度回せるようになるまで、やりたくない仕事でも引き受けないといけません。しかし、「ベーシックインカム層」の案件があって、仕事量が限界になったら（限界に近づいてきたら）、やりたくない仕事の分量は調整していきましょう。

たとえば、「このお客様の仕事は、あまり好きじゃないんだけど、報酬が高いからやるしかない」と我慢している仕事はありませんか？　「この案件は興味が×だから、興味が◎の仕事と入れ替えよう」と考えられるようになれば、イヤな仕事が減っていきます。

私はそれまで、「収益性が◎」の会社と契約が終わることは、ただただ恐怖でした。ところが、「収益性が◎だけれど、将来性・投資&関心は×」の会社だとわかったら、契約が終わることが気にならなくなってきたのです。私はそうやって、3つの指標でお客様を分析するようになって、イヤな仕事が劇的に減りました。

「収益性」「将来性」「投資・関心」という3つの指標をもとにして、お客様を分析してみると、自分の選びたい仕事も見えてくるはずです。

収入を「見える化」すると、大事なお客様がわかる

no. 34

スマートな料金交渉術

交渉のスタートでお金の話はなるべくしない

値段交渉をはじめるときは、「お金にうるさそう」と思われないように注意してください。 たとえば、打ち合わせの最初に、「ところでギャランティなんですが……」とお金の話からはじめたら、「この人はお金にうるさそう」と思われてしまいます。

また、交渉過程で見積り書の内訳を細かくして、何度も値段交渉することになれば、お客様はうんざりします。他にも、事前に前提を共有せず、いきなり「作業量が増えてきたから、報酬を1・5倍にしてほしい」と言い出すような人と、多くのお客様は仕事をしたくないでしょう。

ある程度、打ち合わせの内容が固まるまで、お金の話はしないことです。自分の儲けよりも、プロジェクトを成功させることや、プロジェクトを理解しようとする人にお客様も依頼したくなるものです。

安請け合いは失敗のもと

打ち合わせが順調に進んでいくと、「一緒に仕事がしたい！」とお互いに気持ちが盛り上がってきます。そのときにはじめて、希望する報酬額を伝えてください。

先述したように、このときに伝える金額は、少し「高め」に設定することがポイントです。金額を高めにする理由は、交渉しながら下げることができるからです。

「最初はとりあえず安く引き受けておいて、あとからどんどん値上げすればいいや」というフリーランスの人の話を聞いたことがあります。

とくに、フリーランスになったばかりの頃は、「とにかく仕事がほしい！」と安請け合いしてしまいがちです。けれども、安い報酬から値上げしようとするのは、失敗のもとです。

最初に安く引き受けると、それがお客様のなかで当たり前になって、「相場」として固定されてしまいます。この状態を「価格のアンカリング効果」と呼びますが、その状態で値上げすると、「なんで高くしたの!?」とお客様が嫌悪感を示すのです。しかも、低い金額を先に伝えたら、「値段を上げてください！」とはいいにくくなります。「まずは安く……」ではなく、最初から双方にとって満足のいくラインで契約をすることが重要です。

では、そのためには、どうやって値段交渉をすればよいのでしょうか？　このケースで参考になるのがテレビショッピングです。テレビショッピングでは、はじめに商品の魅力を伝えて、お客様の気持ちを盛り上げていきます。

そして、「なんと、これだけの商品なのに、値段はたったの10万円です！　しかも、ここからもっと下がります！」とお客様の買いたい気持ちを盛り上げていきます。

というように、最初に報酬を高めに伝えれば、「あれも、これもしたいんだけれど、できますか？」という、お客様のいろいろな要求に応えることができます。

また、価格を下げるよりも、提供する価値やサービスを充実させることを考えたほうが、値崩れせずにお客様の満足度を上げて、よい実績につなげていくことができます。

実際に、作業量のイメージがお客様とずれていて、最終的に話を詰めていくと想定よりも作業量がふくらみそうになることはよく発生します。その段階になって値上げの交渉を行えば、お客様に「お金にうるさい人だな」と思われてしまうでしょう。

引き受けている仕事のなかには、「どう考えても安すぎる」「やっぱり、この報酬だと生活できない」と感じるものもあるかもしれません。

しかし、既存のお客様には、価格をアンカリングしているので、値上げすれば「なんで急に値上げをするの？」とイヤがられてしまいます。そうなれば、お客様がいなくなる可能性もあります。

値上げは、新しく取引をするお客様から交渉することが鉄則です。新しいお客様が最初に知るのは、値上げをしたあとの金額なので、その金額がベースとなります。その意味でも、新しいお客様を取り続けるというのは、フリーランスにとって生命線です。

「相場」という、ものさしを活用する

また、お金の交渉で悩むことの1つとして、そもそも「お客様と相場観が合っているのか？」というケースもあります。

たとえば、こちらは「30万円で引き受けたい」と考えていても、お客様が「10万円で発注しよう」と思っていたら、大きなかい離があります。

ときには、お客様から「この値段でお願いします」といわれたとき、「この値段では安すぎる」と感じる仕事もあるかもしれません。しかし、引き受けるわけにもいかず、だからといって「無理です！」となれば感じが悪くなります。

そこで、「他の会社では、このくらいの金額でやらせていただいているのですが、いかがでしょうか？」と確認するのも手です。あなたの提示した金額がどうかという話ではなく、**他のお客様との実績をものさしにするわけです。**

そうすれば、お客様は「この人はお金がほしいんだ」と思わず、「他社とは、このくらいの値段で取引するのが普通になっている人なんだな」ととらえるので、感じが悪くなりません。

もしかすると、お客様が単純に相場をまったく知らなかっただけで、一般的な相場であることを理解してもらえると、あらためて検討してくれるケースもよくあります。

伝え方を変えるだけで、お客様の感じ方や行動も変わるのです。

料金交渉は「タイミング」と「プロセス」が命

no. 35

値段が安くても引き受けたほうがいい仕事

値段が安い仕事は「3つの基準」で判断する

興味はあるけれど報酬の安い仕事がきた場合、どうしたらいいか悩むかもしれません。そんなとき私は、次の3つの基準で判断しています。

・スキルが上がるもの

・実績になるもの

・楽しくできるもの

このどれかにあてはまる場合は、引き受けます。

実際に私は、報酬は少なくても、お客様の会社が大きく成長して、自分の実績につながっているケースをいくつも経験しています。私が楽しいと感じ、やりたい仕事の1つに、「IT系スタートアップ企業の仕事」があります。前例がないユニークな事業のマーケティングは、エキサイティングで攻略のしがいがあるからです。

過去には、従業員数5人くらいのIT系スタートアップ企業から「弊社のマーケティングをお願いできないでしょうか?」と声をかけていただいたことがあります。その会社の事業内容を聞いたとき、純粋に「楽しそうだな」と思いましたし、「成長性がありそうだから、自分のスキルと実績にもなるはずだ」とも感じました。そのため、ほとんど無償でお手伝いすることにしたのです。

お手伝いしているその会社は、なんと今では、上場間近まで成長しています。その会社の成長過程に関われること自体が面白かったのですが、結果として自分のスキルや実績にもつながりました。

こんなふうに、３つの判断基準をもとに引き受けた仕事によって、いずれ自分の糧《かて》になって返ってくるというのは時間が経つほど実感しています。

新しいスキルを身につけられる機会は、お金に代えられない

「この仕事にチャレンジしてみたいし、この仕事をすれば自分のスキルが上がりそう」と感じたら、引き受けたほうがよいと思います。

なぜなら、フリーランスは時代の流れとともに、常に新しいスキルを身につけないと生き残れないからです。**独学で勉強することも大切ですが、何より実際の仕事のなかで緊張感を持ちながら経験を積むことに勝るものはありません。**

自分の得意としている分野は、将来ニーズがなくなることもあります。カメラだって、昔はアナログが主流だったのに、今はデジタルのほうがニーズは高くなっています。同じように、「今、流行っている、このジャンルのほうがニーズはある」と考えて、新しいジャンルを放置すれば、時代に取り残されてしまうこともあるのです。

また、「音声起こし」や「データ入力」など、1つのスキルに特化したフリーランスの方もいますが、その立場を他の競争力が高い人（最近では、コンピュータもライバルになってきました）に奪われたら稼げなくなります。そのため、私は新しいスキルが身につきそうな仕事に触れられる機会を積極的につくるようにしています。そのなかから、実際に新しい売上につながっているものも出てきています。

大手にしがみつく必要はない

「やりたい仕事では稼げず、収入が足りない」ということであれば、自己ブランディングに役立ちそうな大手企業の仕事で、実績と信頼を積み重ねて、やりたい仕事につなげていきましょう。

実績が少ないときは、大手企業の仕事をするとその実績を頼りに、他のお客様から発注をもらえることもあります。たとえば、ライターは「有名人のインタビュー」や「大手出版社との取引」などの実績があれば、自分のポートフォリオに信頼感が生まれます。

ただし、すでに実績があれば、大手企業の依頼だからといって、ときめかない仕事であれば、無理に引き受ける必要はありません。それよりも、自分のやりたい仕事をして稼ぐのがいちばんです。

大手企業でなくても、しっかり利益を出していてあなたのスキルを評価してくれるお客様は必ずいます。私も最近は、大手企業ではない会社からの仕事がメインになっていますが、しっかりビジネスとして成り立っています。

また、意外と大手企業のほうが担当者が替わることが多く、そのタイミングで仕事から外されることが多かったり、コンペで競争させられる（しかもタダ働き）ことが多かったりと、ネガティブな面もあります。必ずしも「規模が大きい＝儲かる」ではないということは知っておいてください。

迷ったときは、後悔しない選択肢を選ぶ

仕事によっては、「話を聞いただけでは、経験や実績になるかわからない」と感じ

ることもあります。引き受けるかどうかの判断に迷ったら、「チャレンジしないことで後悔はしないだろうか？」と考えてみてください。

「条件がよさそうな仕事」という基準だけで選んだら、自分の想像の範囲内の仕事ばかりになって成長せず、「セレンディピティ（素敵な偶然）」と呼べるような仕事にめぐりあうこともありません。何より、もしその仕事が自分の思っていたのと違っていたときに、「やっぱり、やらなければよかった……」と後悔しがちです。

「後悔しない！」と思える仕事ならば、自分の選択に納得して前に進めるはずです。

値段だけでは測れない仕事もある

no. 36 フリーランスは身体が資本

身体を壊しても、フリーランスには保障がない

会社員だったら、病気やケガで会社を休んでも、(条件を満たしている場合は) 健康保険から「傷病手当金」が支払われるので、万が一のときでも生活ができます。ところが、**フリーランスにはそのような保障がないので、健康面でも自己管理が大切です。**

私は、フリーランスとして働いている2008年12月に、うつ病を自覚したことがあります。うつ病は「心の病気」といわれますが、じつは「脳の疾患」です。そのため、当時は馬力が出ず、思考もすべてネガティブでした。

脳が動かなければ身体も動かないので、1日に2時間くらいしか働けない状態です。

今思い出しても、健康を損なった状態で仕事をするのは非常にきつかったです。

「生活習慣リスト」でルールづくり

当時、家のなかにいつまでもいてはマイナスなことばかり考えてしまうので、「毎朝同じ時間に、きちんとした身だしなみで、同じ喫茶店に通う」といったルールをつくりました。

ちょっとしたことでも毎日達成できれば、成功体験になります。その成功体験を積み重ねることで自信を持つことができ、うつ病も徐々によくなっていきました。

今は当時の経験を活かして、**「自分の人生を取り戻すための習慣をつくるリスト（生活習慣リスト）」**というルールをつくっています。さらに、そのリストの半分くらいを健康系にして、健康管理に活用しています。

「生活習慣リスト」に書く数は多すぎると実践するのが大変なので、5～10個くらいが理想です。また、成功体験を積み重ねることが大事なので、「生活習慣リスト」に入れるタスクは、「実現可能性が高い簡単なこと」や「どうしても達成したいこと」

に絞ってください。自分にダメ出しをして、心を傷つけるだけのリストにはしないようにしましょう。

私の「生活習慣リスト」のなかには、「24時には寝る、7時に起きる」などの肉体的な健康面を気づかうための項目もあれば、「妻に感謝を伝える」「子どもに絵本を読む」などのプライベートを充実させるための項目も入れています。

このリストの効能は、達成した項目の少ない日が増えてくると、生活が乱れているのがすぐにわかるので、早めの軌道修正につながることです。その日のコンディションで達成できないタスクもありますが、そのときはしかたがないので、「翌日から、またがんばろう」と思えばいいだけです。

フリーランスは、自らで生活のリズムをつくる

会社員は、会社が決めた時間の区切りに従って行動できます。たとえば、「毎日9時に出社する」とか「水曜日はノー残業デーだから、18時には会社を出る」ことも難

しくはないはずです。ところが、**フリーランスは時間の区切りを自分自身で管理するしかないので、自ら生活のリズムをつくっていかなければなりません。**

たとえば、私は毎日を同じ生活リズムですごすために、毎朝同じメニューを食べてから、近くのカフェに行って、仕事をはじめるようにしています。こうすれば、天気が悪くてやる気が出ない日や、朝起きてなんとなく調子が悪いときでも、調子がよいときと同じペースに戻れるからです。

私は健康管理のなかでも、ストレスとの付き合い方に重点を置いています。たとえば、外出することで、ストレスを溜めないようにしています。

忙しいときほど、「移動時間をはじめ、余計な時間をカットして、とにかく仕事しなきゃいけない」と思うかもしれません。あくまで私なりのメソッドですが、忙しいときほど散歩をして、気分転換しています。気分転換することで、脳がスッキリして、メリハリも生まれ、かえって仕事の効率が上がります。

いくら忙しくても、徹夜はおすすめしません。睡眠時間が足りなくなると、判断力も鈍り、精神的にも弱り、そして体力的にもきつく、仕事の能率も上がらず、いいことがないからです。

それに、徹夜してしまうのは、「仕事の能力」の問題ではなく、仕事量が自分のキャパシティを超えている可能性もあります。まずは、仕事量をコントロールしてみてください。

自分の代わりがいないからこそ、心身ともに健康な習慣を

フリーランスあるある③

無理しないでね

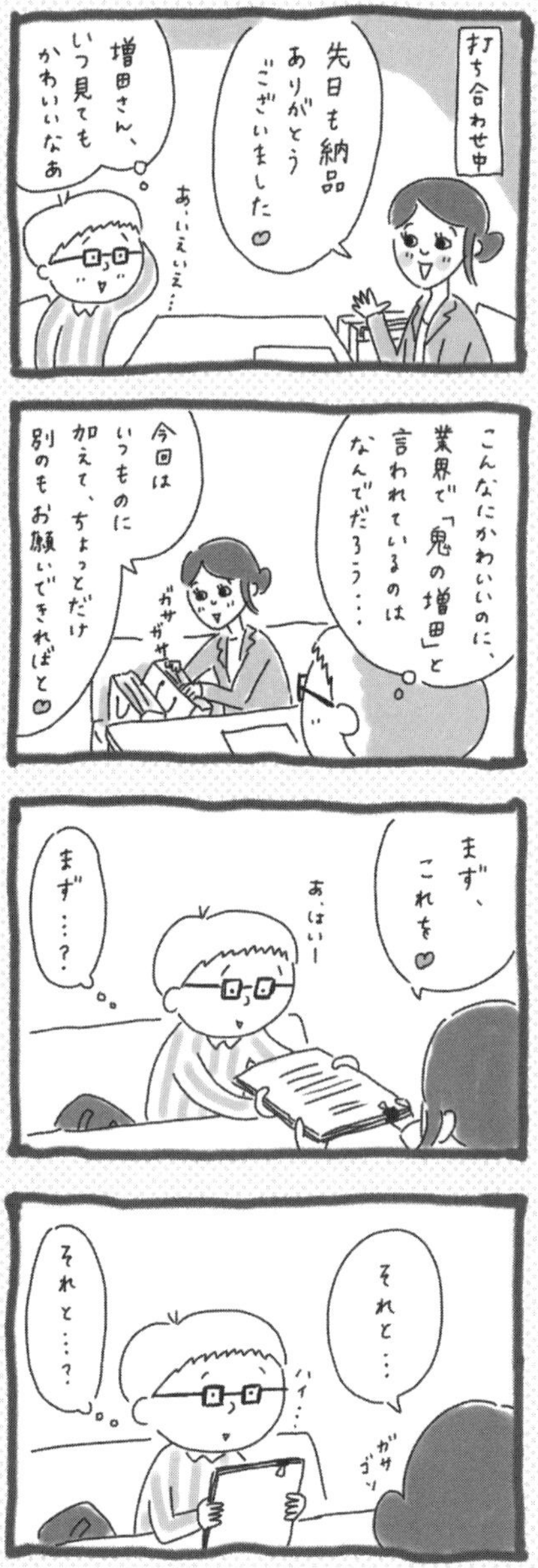

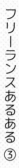

これも♡
ガサガサ
さらに…
さらに？
これも♡
ちなみに納期は来週ね。
ニコッ♡
ちょっとボリューム多いけど、無理しないでね♡
いや、無理しなきゃ終わんねーから!!
とは言えない…。
か・し・こ・ま・り・ま・し・た♡
わぁ!! ありがとうございまーす♡

ズーッ

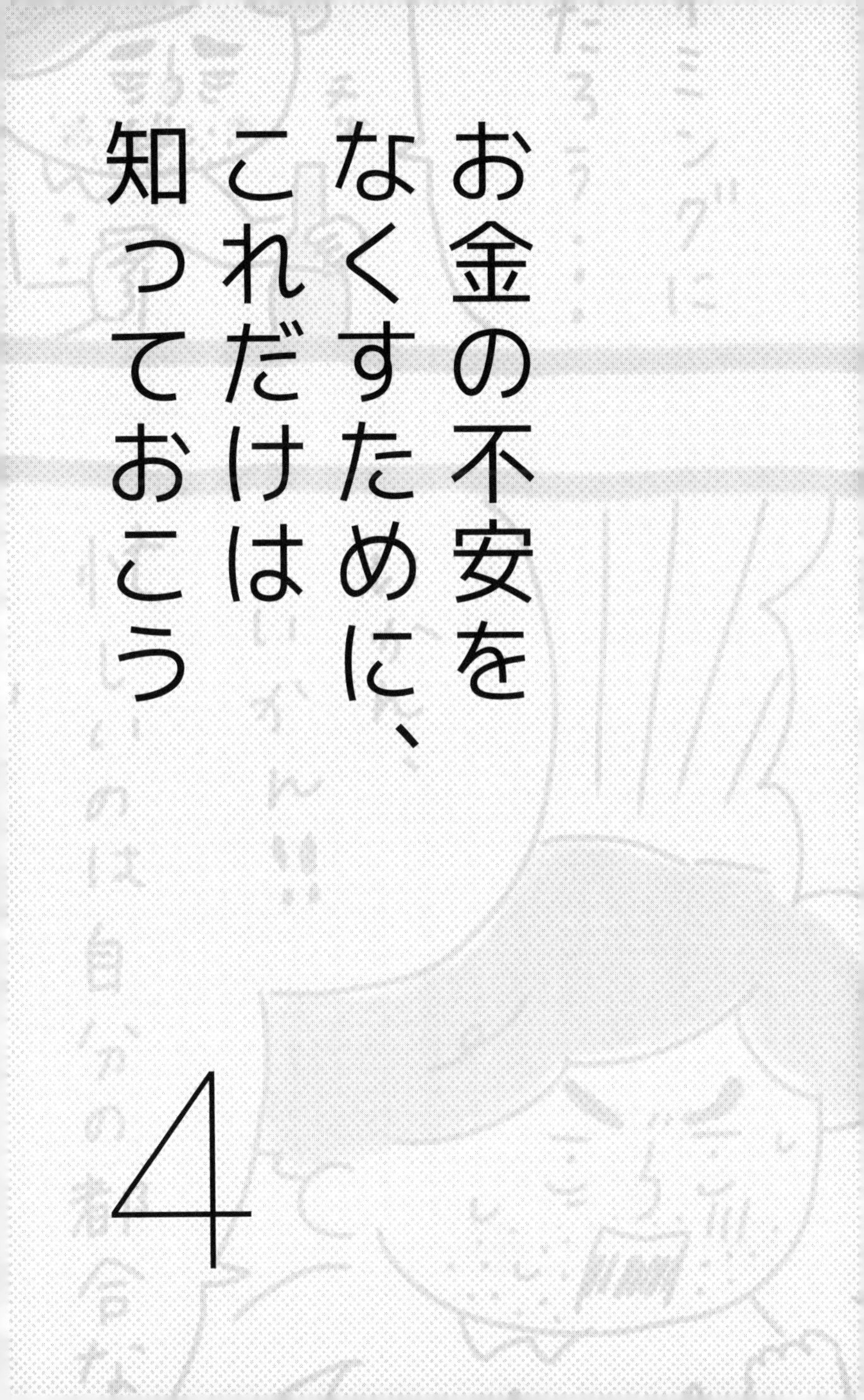

4

お金の不安をなくすために、これだけは知っておこう

no. 37

「事業のお金」と「プライベートのお金」は分けると貯まる

「投資」と「浪費」を区別する

- 毎月、銀行口座を確認すると残高があと少し……
- 思ったよりもお金が増えない……
- 毎月何にお金を使ったのか、覚えていない……

このような状況に心あたりがある人は要注意です。

フリーランスは、会社員と違って、毎月決まった額の給与が銀行の口座に振り込まれるわけではありません。会社員は仕事のための備品や設備はすべて会社持ちですが、フリーランスは自分の銀行の口座から支払う必要があります。お金の管理をきちんと行わないと、思わぬ落とし穴にハマってしまいます。

フリーランスが上手にお金を回すうえで最もおすすめしたいのは、まず「事業として100パーセント投資価値のあるお金」と「そうではないお金」を厳密に分けることです。

お金を使おうとするときに、「これは投資になるのかな?」と真剣に考えるようになることで、お金の無駄づかいが減ります。また、これをやっておくと、確定申告のための経理処理が格段にラクになります。

投資と浪費を切り分けるために、「事業で経費にすべきもの」と「経費にすべきではないもの」をリストアップしてください。では、どんなものを経費とすべきなのでしょうか？

ここで覚えておいてほしいのは、「経費として落とせるか？」と考えるのではなく、**「事業として利用できるか？」**です。「経費で落とせるだけ落としたほうがトクなのでは？」と思うかもしれませんが、違います。何でもかんでも経費で落とすと、お金は逆になくなります。

たとえば、外食をしたときに「交際費」として経費で落としているフリーランスは、けっこういると思います。しかし、食事を豪華にしたら、仕事にプラスになると思いますか？

よほど接待好きの取引先でないかぎり、打ち合わせの質は料亭で7000円の会食をしても、喫茶店でコーヒー1杯400円を飲んでも変わりません。私が食費を経費で落とさないのも、「食費は浪費になりやすい」と判断したからです。

私の周りにも、「数万円の高価な食事」をご馳走してくれるような経営者がいましたが、その人はだんだん大盤振る舞いが当たり前になってきて、残念ながら最後は事業が立ち行かなくなってしまいました。

また、「自分の好きなもの」は浪費につながりやすいので、経費にするときは注意しましょう。たとえば、アップル製品マニアの人は、新製品が出るたびにほしくなりがちですが、それを経費にすれば、浪費のお金がどんどん増えます。

私の知り合いの大変優秀な税理士の方は、「何かにつけて節税にうるさい社長や個人事業主よりも、税金を払うことに抵抗が少ない社長や個人事業主のほうが、事業が成長している」といっていました。いわれてみれば当然です。**投資価値がないものにバンバンお金を使えば、会社は成長しないまま、キャッシュは残らず事業は破綻します。**

一方で、**事業で必ず使うものは、経費で落とさないともったいないです。**

とくに、住居費や通信費、電話料金などの「固定費」は、経費になりやすいと思います（もちろん、事業で使用していることが前提です）。ちなみに私は、法人で登記しているので、現在住んでいるマンションは「社宅」として経費にしています。

また、たとえばビジネス書や、あなたの業務に関係のある技術書を読めば、知識として仕事に活かすことができます。そのため、私はマンガ以外の書籍は経費で落としています。

「自分はどこで浪費しやすいんだろう？」と考えて、経費として落とすものを決めていきましょう（「経費で落としまくれる」のが、フリーランスや自営業の特権なのに、おかしくないかと思う人もいるでしょう。「経費のワナ」について次項でもう少し詳しくお話しします）。

「事業の投資になるもの」と「ならないもの」を分けよう

no. 38

「節税するとトク」はウソ

なぜ、税金を払うと損をした気持ちになるのか？

フリーランス1年目は、会社員時代に稼いだ所得分の税金や社会保険料を、手元のお金から支払わないといけません。

「これだけの税金、社会保険料を支払ってください」という納付書が送られてきて、「税金や社会保険料って、こんなに高いんだ……」と愕然とするフリーランスも多いはず。フリーランスの人のなかには、「せっかく稼いだお金の一部を、税金として国に取られてしまう」とイメージしている人も少なくないでしょう。

税金は、会社員時代も支払っていたのに、なぜフリーランスになると、そう感じるようになるのでしょうか？　それは、**会社員は給与から税金が「天引き」されるのに対して、フリーランスは「手元のお金」から税金を支払うようになるから**だと思います。

たしかに、経費で落とすほど所得が減るので、税金も減ります。ただ世の中には、ロジカルとして正しくても、そのせいで心がおかしくなっていくこともあるのです。たとえば、「自腹」だと出し惜しみしますが、「経費」だと思うと、ついつい財布のヒモがゆるみがちです（経費も自腹なんですけどね）。それに国の制度はしっかりと考えられているので、社会的な仕組みに乗れない人は、うまくいきません。

そもそも、人間には、「利益を得ることよりも損失を免《まぬが》れたい」という損失回避の心理があります。それは、次のような心理に近いです。無類のケーキ好きの人が、ケーキ屋さんでホールケーキを買ってきたとします。しかし、「ケーキを全部食べよう」と思っていたところ、「そのケーキを分けなさい！」といわれたらガッカリするでしょう。

会社員が、給料から税金を天引きされるシステムは、最初からケーキをまるごともらうのではなく、自分の分のケーキだけを切り分けてもらった状態です。ところが、フリーランスが手元のお金から税金を支払うのは、お皿に盛られたケーキを目の前に出されてフォークを刺そうとした瞬間に、横からケーキの一部を取られている状態に近いのです。私も、毎回納税のタイミングで銀行の口座からドカっとお金が減ると、とてつもない悲しみと疲労感に襲われます。

経費は「100パーセントの節税」にはならない

1年間の所得が高くなれば、その分だけ納める税金も高くなります。そのため、「国に収める税金を少なくしたいから、経費をたくさん使って利益は赤字にしよう」と考えるフリーランスも少なくありません。

そのようなことからも、「経費で落としたら、100パーセント節税になるからトクだ」と思い込んでいませんか？　だとしたら、それは間違いです。

ケースにもよるのですが、節税になるのは、経費で購入した金額の40パーセントくらいのイメージでしょうか。売上が少ないと、節税効果はもっと少ないイメージです。

そのため、**「経費は４割引でモノが買える」**とイメージしてみてください。経費で20万円のパソコンを買えば、40パーセントオフの12万円で買ったことになります。

ところが、「節税になるから」と何でも買っていれば、それは単なる無駄づかいです。たとえば、スーパーで40パーセントオフになった見切り品を「おトクだから、これも買っちゃおう」と買い物かごにバンバン放り込んでいったら、いくら安くても財布のなかのお金は確実に減っていきます。

これはバーゲンセールが好きな人にもいえることです。「○○パーセントオフになって安いから」と、どんどん買い物をしていれば、しだいにお金がなくなるように「経費で計上できるから」と何でも買っていたら、同時に60パーセント引き分のお金がなくなっているのです。

「お得な買い物」ばかりしていて、常に財布のなかにお金がない人と、セールかどうかに関係なく必要なものだけをしっかりと買って大切に使う人のどちらのほうが、安定した家計になるでしょうか。同じように、**フリーランスの場合、基本的に「経費で落とす」をやればやるほど、口座のお金が減っていきます。**

事業に使っていないお金を「経費」に計上すれば脱税

「自分が稼いだお金を誰にも取られたくない」と考えて、経費として何もかも計上してしまう人がいます。しかし、事業に使っていないお金を経費にすれば、それは「脱税」です。たとえば、スピード違反しても捕まらなかったときと同じように、脱税してもバレなかったら「規則を真面目に守っているのがバカらしい」と思うようになりがちです。しかも、利益が少しでも出ると税金は発生するので、**わざと赤字にすると、「一生儲からないフリーランスの世界」から抜け出せなくなるのです。**

ぶっちゃけた話をすると、それほど売上が大きくない個人事業主に税務調査が入ることはまれです。そのため、脱税をしていても指摘されるケースは少なく、ある意味、公然のものになっているのも否定できません。

儲かっていないときは、ほとんど指摘されることのないずさんな経費処理ですが、あなたの努力が実って大きな稼ぎを得た瞬間、ツケが回ってきます。そう、大きく儲かったとたんに税務署がやってくるのです。

過去数年、脱税や申告漏れが積み重なっていると、過去数年分の本来納付すべき税金、社会保険料、さらに追徴課税で一気に多額の請求が発生します。

実際に、追加徴収で何百万円も請求されたフリーランスが実在しています。そうなると、「今まで経費として計上しまくっていたので口座にお金があまりない」→「儲かってようやく口座に資金ができる」→「過去数年分の税金＋罰金を支払うことになり、また口座にお金がなくなる」というループに陥ります。

大事なのは事業資金を残すこと

その他にも、節税にはデメリットがあります。節税しすぎて赤字になれば、所得金額が減り「赤字＝稼ぐ力がない」とみなされるので社会的信用は当然なくなります。そうなると借り入れはできないし、クレジットカードや賃貸契約の審査さえも通らなくなるでしょう。

その一方で、**所得額が十分で、税金をしっかり納めている人は「金利付きでちゃん**

と返済してくれる人」と判断されるので、融資や住宅ローンなどの借り入れも通りやすくなります。

赤字の人と黒字の人だったら、「ちゃんとお金が返ってきそうな、黒字の人にお金を貸したい」と思うのは誰でも一緒です。また、資金の借り入れでは銀行口座の残高が審査を通過するかどうかだけでなく、借り入れ額の上限にも影響します。

「来月の仕事があるかわからない……」と不安になっているとき、納税してお金を減らすことが怖くなるかもしれません。しかし、税金を支払った分だけ、自分の会社にはお金が残ります。たくさん納税することは、フリーランスの誇りです。

「しっかりと税金を払えるようにがんばろう」と思って動き出せば、ちゃんと儲かるようになります。**節税して税金を少なくしようとするよりも、「事業資金を少しでも残したい」「経費を減らせば事業資金が増える」と考えるようにしましょう。**

「経費で落とす」と、当然その分のお金が減っている

no. 39

安定して事業が続く「お金の回し方」

キャッシュに余裕を持つとお客さんの質が上がる

お金がないときは、不安とプレッシャーに負けて「何でもいいから仕事がほしい」と報酬の安い仕事でも引き受けてしまいがちです。

しかし、貯金に余裕があると、仕事の内容を選ぶこともできますし、価格の交渉も落ち着いて行えます。**交渉力を落としたくなかったら、手元のキャッシュ（現金）の余裕を重視してください。**

手元に残すべきキャッシュの目安は、（支出によって変わりますが）半年分くらいの事業資金が理想です。事業資金だけで300万円程度、生活費だけで数百万円程度の貯金があれば、だいぶ余裕が持てると思います。私もキャッシュに余裕ができるのに比例して、仕事が途切れる不安はなくなり、仕事の質が上がっていきました。

私は「手元にどれくらいのお金が残るか？」を、会計ソフトを使って把握していきます。「8月は税金の支払いがある」「1月は外注費で20万円かかる」などの月ごとに必要な資金を会計ソフトであらかじめ把握できます。

銀行口座も「事業用」と「プライベート用」は分ける

個人の生活とは別に、事業資金の積み上げは絶対に必要です。そこで、**銀行口座を「事業用」と「プライベート用」の2つに分けて、事業資金を積み立てていきます。**

銀行口座を一緒にすると、事業で使うお金が出ていったときに、「生活費が減る」という感じがしませんか？　たとえば、イラストレーターが資料代なども含めて制作費で5万円必要だとします。しかし、プライベートと事業用の資金を同じにしていると、「自分の生活が貧しくなるのはイヤだ」と感じるので、「そうだ、制作費を削減しよう」と必要なことに投資しなくなるのです。それでは事業ではなく、ビジネスごっこです。

ところが、事業用の口座に5万円あれば、「どうやって効率的に投資しようかな？」と考えるようになります。口座を2つに分けたら、生活費に入れる金額を月々決めておいて、それ以外のお金は事業資金として積み立ててください。

借り入れたお金を使うのは「緊急」のときだけ

フリーランスが「借り入れ」を行うことの是非は賛否両論ありますが、「借り入れ」そのものは選択肢としてアリだと思います。

とくに、発注から入金までのサイクルが遅い仕事を手がける場合や、仕事を受けたあとに外注したり、大きめの仕入れが必要だったりするタイプのフリーランスは、資金繰りを安定させるうえでも、積極的に借り入れを検討してもよいでしょう。

逆に、入金のサイクルが作業から2か月以内など早い仕事が多かったり、仕入れがほとんど発生しない仕事しかない人は、借り入れの必要性は大幅に薄れます。

「融資（借り入れ）＝借金」なので、融資を受けることをためらう人がいるかもしれませんが、考え方は住宅ローンと同じです。融資を受けたら、返ってくる見込みが極めて高いもの以外では、そのお金を減らさないようにします。

ただし、会社員でも住宅ローンが払えなくなって、ローン破産する人がいます。それが怖いのであれば、融資には手を出さないほうがよいかもしれません。

借り入れしたお金の使い道は、あくまでも、お客様からの入金があるまでのつなぎとして仕事を受注したうえでの外注費や仕入れのための利用だけに絞ってください。**借り入れて資金が増えたと錯覚して気が大きくなって、事業投資に走るのは基本的にＮＧです。**大きな投資を行うのは、フリーランスではなく、事業規模の拡大をめざす起業家で、別の世界に足を踏み入れることになります。

借り入れのタイミングは創業のときがベスト

借り入れは、起業のタイミングがベストです。「銀行は晴れの日には傘を貸して、雨の日には取り上げる」という有名な言葉がありますが、起業のタイミングだけは例外だからです（もちろん、借りたお金を返せないときは、自己破産になるかもしれないので、覚悟して借りてください）。

ところが、起業したばかりのときは、信用がないことがほとんどです。そうなると、銀行から融資を受けることが難しくなります。そこで、「自治体による制度融資（創業融資）」を利用することがおすすめです。この融資制度は金利が安く（1パーセントくらい）、起業したばかりでも融資審査に通りやすい特徴があります。

「自治体による制度融資」で借り入れができなかったら、金利は3～4パーセントと少し高くなりますが、「国民生活金融公庫（通称：国金）」の融資にチャレンジすることもおすすめです。国金の融資審査を受けるときは、自分の資産を担保にしないように可能なかぎり交渉しましょう。

経験上、国金のほうが手続きはラクで、審査から借り入れまで早かった覚えがあります。とはいっても、審査には事業計画書が必要なので、それなりに大変でした。ちなみに起業当時の私は、東京都の中央区と国金の創業融資を両方使って、合計900万円を借り入れしています。

この他の融資制度で資金を借りる場合は、金利3パーセント以下であれば、選択肢に入れてもよいと思います。

開業数年の個人事業主が借り入れするには？

起業して何年も経っているフリーランスは、黒字化しないと借り入れできません。契約時に最大1000万円が振り込まれる「ビジネスローン」もありますが（現実的にフリーランスの事業規模では、はるかに低い借り入れ額での融資となります）、金利が10〜20パーセント前後なので、返せなくなればドツボにはまります。カードローンも金利がビジネスローンと同じくらいなので、おすすめはできません。

このようなことからも、やはり起業したときか、黒字化している調子のよいときに借り入れしたほうがよいので、何としても黒字化させる必要があります。

また、赤字の個人事業主で、どうしても借り入れをしたかったら、法人化も考えてみてください。法人化すると（詳しくは253ページで後述）、すべてリセットされて創業の状態になるので、創業融資の審査に通りやすくなります。ただし、基本的に借り入れには十分な自己資金があることが要件になるので、必ずキャッシュを残しておく必要があります。

銀行口座は「仕事用」と「プライベート用」を分けよう

no. 40

確定申告はどうすればラクにできるのか？

所得の申告はフリーランスの義務

毎年3月が近づいてくると、「確定申告の時期がやってきた！」とフリーランスの多くがあわて出します。

確定申告とは、所得にかかる税金を払うための手続きのことで、国は確定申告で申告された所得をもとに、税金額を計算しているのです。

会社員は所得を会社がまとめて国に報告するので、会社員個人が所得を申告する必要はありません。では、なぜフリーランスになると確定申告が必要なのでしょうか？

それは確定申告をしないと、国がフリーランスの所得を把握できず徴税ができないからです。会社に属していないフリーランスは、自分しか所得を把握していないので、確定申告で所得を申告する義務があります。

帳簿をつけると、お金のやりくりに必要なデータが手に入る

確定申告をしないと、税務署から調査が入ります。しかし義務だから、帳簿づけをするわけではありません。**帳簿づけをすれば、お金の流れが「見える化」するためです。**

たとえば、会計ソフトで帳簿づけすると、現在の「売上の比率」や「品目」がわかります。私は、「今月はマーケティング関係の売上は多いけれど、広告関係の売上は低い」などとリアルタイムで収支がわかるので、来月のお金のやりくりに活かしています。また、手元にある現金もわかるので、「納税の時期がやってきたけれど、会社に資金が残っていなかった」という事態を防ぐこともできます。

そんなふうに、お金のやりくりに必要なデータを入手できるのに、確定申告のときだけ帳簿づけするのは、もったいないと思いませんか？　ふだんから会計ソフトを使って、こまめに帳簿づけしていきましょう。

確定申告の簡単な済ませ方

帳簿づけは、簿記がわからないと大変ですが、私はクラウド会計ソフトを使って確定申告を簡単に済ませていきます。

クラウド会計ソフトは、完成度の高いサービスを提供している会社がいくつかありますが、私は「freee」というクラウド型の会計ソフトを利用しています。freeeは、複式簿記（正確な会計帳簿をつくるために使われる方法）に詳しくなくても、簡単に確定申告ができるようになっています。また、freeeは会社の規模に関係なくサービスを利用できるので、個人事業主と法人、どちらでも利用できます。

freeeは、収支を直感的なグラフで表示させることができるため、簿記がわからない人でも、視覚的にひと目見て、お金の流れをつかめるのです。

正確な数字（金額）を手入力で記帳しなければいけないのは、けっこう大変です。しかも、取引が多くなるほど、数字を入力する手間がかかります。「めんどくさい」と感じて、記帳をこまめにつけていない人も多いのではないでしょうか。

ところが freee を使えば、めんどうな帳簿づけもラクになります。freee の特徴の1つが、「クレジットカードの明細」と「銀行口座のネットバンクの取引履歴」を自動同期で取り込み仕訳してくれることです。取引を自動で読み込んでくれるので、数字の入力間違えもありません。取引ごとに勘定項目や品目を予測して自動で仕訳をしてくれる仕組みなので、ボタンひとつで経費処理ができます。

クレジットカードの口座も分ければ、管理はラクになる

毎日こまめに会計処理していないと、「このお金は仕事で使ったっけ？　それともプライベート？」とお金の使い道を忘れてしまいがちです。そこで、クレジットカードの銀行口座も、「プライベート用」と「事業用」の2つに分けておきましょう。

freee と連携するのは、もちろん「事業用」のクレジットカードと銀行口座です。こうすれば、プライベートのお金が freee の自動同期に入ってくることはありません。

ちなみに、クレジットカードの引き落とし先にも注意してください。事業用のクレジットカードの引き落とし先を、プライベート用の口座にすれば、分けた意味がなくなってしまいます。事業用のクレジットカードの引き落とし先は、当然のことながら、事業用の口座です。

クレジットカードと口座を分ければ、「これは何のために使ったっけ?」と考える手間が減るので、恐ろしいくらい面倒だった帳簿づけがラクになります。

freee には、クレジットカードやネットバンキングだけではなく、「モバイル Suica」など交通系ICカードの履歴を、自動で同期できる機能も付いています。

私は、仕事で使う交通費を経費で落としています。しかし、1枚の交通系ICカードを使えば、プライベート分の交通費まで freee に取り込まれてしまいます。そこで、交通系ICカードも「プライベート用」と「事業用」に分けておくのです。そのため、私は2枚のICカードをふだんから持ち歩いています。

たとえば、仕事で移動するときは「仕事用のＩＣカード」、プライベートの用事で移動したいときは「プライベート用のＩＣカード」を改札にタッチします。そしてfreeeには、仕事で使用している「ＩＣカード」のデータだけを同期させます。こうすれば、事業用の交通費分だけの履歴がfreeeに取り込まれるので、会計処理がラクになるのです。

クラウド会計ソフトを活用した帳簿づけで、お金の流れも「見える化」できる

no. 41

青色申告のほうが断然おトク！

青色申告は白色申告よりも控除でトクをする

確定申告で所得を申告する方法は、「白色申告」と「青色申告」の2種類です。この2種類のうち、どちらかで申告します。

白色申告では、一般的な家計簿のように「お金がいくら入って、いくら使った」というシンプルな現金の流れを記録した方法（＝単式簿記）を使います。そのため、「難しくて会計はわからない」というフリーランスでも、比較的簡単に申告できます。

青色申告は複式簿記を使うため、青色申告のほうが申告書の作成が大変です。ただし、青色申告は、白色申告よりも節税効果があります。**青色申告では、帳簿づけを複式簿記で行っていれば65万円、単式簿記で行っていれば10万円の控除を、事業所得から無条件で差し引くことができるからです。**

これを「青色申告特別控除」といい、この特典は白色申告にありません。青色申告は正確な簿記に沿っているので、より正確なデータを出すことができるため、税務署は「青色申告特別控除」という大きな見返りを用意しているわけです。

青色申告を使いたいときは、開業日から2か月以内（白色申告から青色申告へと変更したいときは、青色申告したい年の3月15日が期限）に、税務署で「青色申告承認申請書」の届け出を出します。この申告書を出さないと青色申告できないので、開業したら忘れずに提出してください。

控除すれば「課税所得」が減る

青色申告控除の話を知って、「65万円も税金が安くなるの!?」と思ったかもしれませんが、それは間違いです。**「青色申告特別控除」はあくまでも控除なので、65万円分の税金が減るわけではありません。「自分の年収が65万円分下がる」と考えてください。**

ちなみに、所得税や住民税、国民健康保険にも「青色申告特別控除」が適用されるので、納める税金は白色申告のときよりも安くなります。

たとえば、課税所得500万円の個人事業主がいます。この人が白色申告を使えば、税金は課税所得500万円で計算されます。ところが、この人が青色申告の「青色申告特別控除」の65万円を使うと、「500万円−65万円＝課税所得435万円」なので、課税所得435万円で計算された税金だけ納めればOKになるのです。この場合だと約13万円ほどトクをすることになるので、かなり大きいですよね。

昔の日本の税制度「租庸調《そようちょう》」でたとえるなら、「青色申告特別控除」を使えば、税金のかかる部分の田んぼが減るので、貢ぐ米も少なくなるイメージです。

税理士に丸投げしない

「手間をかけないことがいちばん」という人は、白色申告を選択することを選択肢に入れてもよいでしょう。

とくに、所得金額が低ければ低いほど、「青色申告特別控除」のメリットはなくなっていくので、収入が低い間は白色申告でも不都合は少ないです（ただ、いつか売上が伸びたときに青色申告の書類が作成できるよう、できるかぎり青色申告に挑戦してほしいとは思っています）。

また、「どうしても数字が苦手で……」という人は、税理士に会計を丸投げしたくなるかもしれません。しかし、現状の把握ができていないのに税理士に会計を丸投げすれば、自らのお金のことを考えないフリーランスになっていきます。しかも、税理士も暇ではないので、いつもお金のアドバイスをしてくれるわけではありません。

それなのに、毎月何万円も顧問料を払えますか？　年間では何十万にもなるので、1年間苦労して節税したお金よりも、高くなることだってあります。

青色申告を自分1人で行う自信がない人は、税理士と月次の顧問契約は結ばず、毎年1回の確定申告作成の作業のみをお願いするのがおすすめです。

確定申告書の作成のみの業務であれば、おそらく10万円前後でお願いできるでしょう。しかも、間違えて会計処理していたときは、税理士が問題点を指摘してくれます。

青色申告は手間はかかるが、白色申告より税金が安くなる

no. 42

儲かっていても破綻するケース

「消費税はあと払い」というワナ

ふだんスーパーやデパートなどで商品を買ったとき、私たちは商品の代金に上乗せをして、「消費税」を支払っています。消費税を負担するのは「消費者」ですが、その**消費税を申告・納付するのは「事業者」**ということには十分に注意してください。

「小規模事業者の納税義務の免除」があるので、条件を満たした個人事業主と法人は、消費税の支払いが免除されます。たとえば、課税売上高が1000万円以下のときは、開業後2年間、消費税の支払いが免除されます。

消費税の支払いが免除された人は「免税事業者」、一方で消費税を納税する義務のある人は「課税事業者」と呼ばれています。

課税事業者は、税務署に消費税を納めないといけません。個人事業主だったら毎年3月31日までに、法人だったら事業年度終了日の翌日から2か月以内に、消費税を納付する義務があります。そのため、たくさんの利益が出ていたら、その分だけ消費税の支払いに資金を回す必要があるのです。

しかも、「消費税の中間申告」の対象になっている法人と個人事業主は、年度の途中での納税も必要です。ちなみに中間申告は、消費税の納税を分割することで、納税者の負担を軽くする目的があります。

たとえば、法人だと売上が決まっていない状態で、売上予測値をもとに、上半期分の消費税を支払います。そして、実際の売上に応じて、下半期分に支払う消費税を調整していくのです。それを考えておらず、消費税を払うために四苦八苦する人は少なくありません。

#「黒字倒産」はリアルにあり得る

「課税売上高が1000万円を超えているけれど、赤字でヤバイ!」。そんな状態のときでも、消費税を支払わないといけないのは怖いと思います。しかも、法人は法人税などもプラスして納税しないといけません。

納税すべき消費税は、仕入れを除いた金額に対してかけられます。たとえば、「1200万円（売上）－200万円（仕入れ）＝1000万円（仕入れを除いた金額）×0・08（消費税8パーセント）＝80万円」です。

赤字の状態で80万円分の消費税を支払うのは、けっこうつらいと思います。しかも、仕入れがほとんどない場合は、消費税の割合が大きくなります。多くのフリーランスは仕入れが少ない業態が多いので、けっこうなインパクトのある支払い額になる方が多いはずです。

ところが、黒字の状態でも油断はできません。「口座に100万円が残っていたけれど、消費税に140万円もかかった」となれば、消費税を支払うことができませんよね。さらに銀行からの借り入れの返済が追加されたらトドメです。たとえ黒字でも、その金額を上回る消費税を支払うことになったら、資金がショートして倒産することだってあり得るのです。

税金分の資金を手元に残しておこう

消費税や法人税の支払いは、収支を管理して資金の流れをコントロールする、いわゆる「資金繰り」と絡んできます。口座にたくさん資金を残すために、支払いサイトを短くして、入金のサイクルを少しでも早くしましょう。

また、**資金をショートさせずに事業を継続するべく、「資金繰り予測」をしていきます。**資金繰り予測をすれば、「どれくらいの税金を支払うべきか？」を常に把握できるようになるからです。

資金繰り予測をするなら、ここでもfreeeの利用がおすすめです。freeeに「今日時点までの売上」を入力して、「決算」タブ→「消費税集計表」タブを選択すれば、自動計算された「現時点での消費税の支払い予想額」を確認することができます。私は、この消費税集計表を月1回くらい確認して、必要な資金を口座に残すようにしています。

もちろん個人事業主の職種のなかには、消費税以外にも「個人事業税」の支払いが必要な人もいます。それ以外にも、所得税、住民税、国民健康保険の支払いもあるので、くれぐれも注意しましょう。これら（事業税以外）についても、freeeでは年度の途中で支払い予想額を教えてくれる、「税額シュミレーション」という機能が提供されているのでぜひ活用してみてください。

税金は基本的にあと払い。とくに消費税には注意！

no. 43

個人事業主が「法人成り」したほうがいいケース

法人化すると利益を圧縮できる

個人事業主が順調に売上を伸ばしていくと、「こんなに儲かっているなら法人化したほうがいいのかな？」と感じるタイミングがくるはずです（ちなみに、私は法人化しているフリーランスです）。

法人化することは、将棋で自分の駒が相手の陣地に入ると裏返ることを意味する「成り」になぞられて「法人成り」と呼ばれたりもしています。「法人成り」すると、いろいろなメリットを得られますが、そのなかでもよくいわれるのが「給与所得控除」です。給与所得控除とは、給与収入の額に対して、一定額を差し引く仕組みのことです。

サラリーマンのような給与所得者は、たとえ仕事に必要だとしても、スーツや靴などを会社の費用にすることはできません。一方、法人は給与の金額に応じて発生したとみなされる費用は、一定の算式によって自動的に計算されるようになっています。たとえば、800万円の給与をもらっていたら、費用としてみなされる金額は200万円です。この200万円を「給与所得控除」といいます。

そもそも、個人事業主は「所得税」、法人は「法人税」として、利益（売上－費用）に対して課せられる税金を支払わなくてはいけません。サラリーマンの例でいえば、800万円－200万円＝600万円（利益）の分だけ、所得税がかかります。

ところが極端な場合、法人化した会社の代表になって、会社に残ったすべての利益分を「給与」として受け取れば、会社の利益は0円です。しかも、給与所得控除があるので、受け取った給料よりも低い金額で、所得税が計算されます。**法人化すれば、このように給与所得控除の分だけ、税金を安くすることができるのです。**

所得税よりも、法人税のほうが安い!?

法人は消費税にプラスして、「法人税」「法人住民税」「法人事業税」などを納税する義務があります。これは、個人事業主でいう「個人事業税」に近い感覚です。

たとえば、法人税とは、法人所得にかかる税金のことで、納付期限は決算日から2カ月以内です。消費税と同じで、対象の法人になると、中間申告する義務もあります。

個人事業主は所得によって、「法人成り」したほうが税金の負担が軽くなる可能性もあります。

所得税の税率は、所得が増えるにしたがい、55パーセントまで増えていきます。それに対して、法人税は利益に応じて増えるわけではなく、一律の税率です。「法人実効税率（法人企業の利益に課税される税の実質的な負担率）」は年々下がっていて、平成29年度では30パーセントを切っています。55パーセントと30パーセントの税率では大きな差がありますよね。そのため、**ある収入レベルを境目にして、法人税の税率**

のほうが、所得税の税率よりも安くなります。

事業規模や控除にもよりますが、その収入の目安というのが、事業所得700万〜800万円のときです。そのくらいの儲けが出るようになったら、税金面でのメリットも考えて、法人化を検討してみてください。

法人は所得を分散できる

所得の金額が増えるほど、個人事業主の支払う所得税や住民税の税率は上がっていきます。ところが、「法人成り」して所得の分散をすれば、個人が支払う税金を安くすることができるのです。

たとえば、私が個人事業主として1000万円の所得があれば、1000万円分の税金を支払う必要があります。ところが法人成りして、妻を会社の役員にするとしましょう。妻に400万円の給与を支払えば、私は600万円、妻は400万円の所得分だけ税金を支払えばOKです。このほうが1人に1000万円の給与を払うよりも納税額が大幅に下がります。

ただ、家族の能力以上に役員報酬を支払えば、事業はおかしな方向に向かっていくので、私はこの仕組みは使わずに自分だけに役員報酬を支払って、税金をたくさん納めるようにしています（もちろん、ほとんど仕事をしていない家族に給与を支払っていると、税務調査で否認されます）。

公私混同が劇的に減る

「法人成り」したら、銀行口座が「プライベート用」と「事業用」の2つに確実に分かれるので、公私混同は劇的に減ります。ところが、帳簿などを税務署に提出しなければいけないので、その処理が大変です。

それでも私は、法人化した1年目しか税理士を雇いませんでした。2年目以降のめんどうな手続きは、決算書・申告書一括作成ソフト「税理士いらず」で処理しています。「税理士いらず」の特徴は、決算書など法人の申告書類の作成に特化していることです。「税理士いらず」は1万6200円（税込）でソフトを購入できるので、税理士に20万～30万円くらいで法人決算を依頼するよりも、断然安上がりだと思います。

freeeでつくった総勘定元帳を「税理士いらず」に読み込ませれば、freeeのデータから自動計算して、税額の計算と大量の申告書一式を作成してくれるので、とても便利です。

私は、「freee」と「税理士いらず」のコンボで、法人決算はだいたい2日くらいで終わります。

※「税理士いらず」のダウンロードURL：http://www.z-irazu.jp/

法人しか得られない特典も

個人事業主の税金は、1年間（1月1日～12月31日）の所得をもとにして計算されます。ところが、法人になれば、決算のタイミングを自由に決められます。そのため、「会社のお金がいちばん残りやすいタイミング」を事業年度に設定することで、その年度の収益の予測が立ちやすくなり、決算月まで節税対策がしやすいメリットもあります。

また、**法人は個人事業主のときよりも、経費として認められる費用が多くなります。**

いちばん大きいのは「役員社宅」です。個人事業主だと、仕事に使っていない住居のスペースは経費として認められませんが、住居に使っている面積分だけを経費にすることができます。また、法人は、賃貸住宅を社宅契約して、そこに社長として自分が住めば「福利厚生費」として認められます。100パーセント居住用で、まったく仕事に使っていなくても問題ありません（試算式は省略しますが、家賃の5〜8割を経費にできます）。

法人は、消費税でもメリットがあります。法人成りして、資本金1000万円未満の会社を設立すれば、「小規模事業者の納税義務の免除」の免税事業者にあてはまります。そのため、最大で2年間、消費税を支払う義務がなくなるのです。

さらに、無担保・無保証の創業融資では「新創業融資」が広く知られていますが、「中小企業経営力強化資金」を使えば、1・3パーセント程度の低金利で融資を受けることができます。「新創業融資」は2・6パーセント程度なので、これは超破格の金利です。

私も売上ゼロの開業当時、政策金融公庫の「創業融資」で金利3パーセントの600万円、東京都中央区の制度融資で金利1パーセントの300万円を調達しています。

個人事業主だったら、こういった借り方はできません。

「法人成り」すると、フリーランスのデメリットが消える

「法人成り」すると、税金と社会保険料をたくさん支払うことにはなりますが、その代わりにフリーランスの制度的なデメリットは消えて、会社員と同じ扱いになります。

たとえば、個人事業主は、社会保険に加入することができません。国民年金や国民健康保険には加入できますが、残念なことに、それらに扶養控除はなし。ところが、法人成りすれば、経営者自身が社会保険に加入できます。条件を満たせば、家族も被扶養者になるので、社会保険の対象です。

法人化すれば社会的な信用も得られます。私は長いこと法人としてフリーランスの活動を続けていますが、フリーランスであることで取引で難色を示されたことは少なく、「株式会社の代表」という肩書は有効だったと思います。

個人事業と法人化のメリットとデメリット

	個人事業主	法人（株式会社の場合）
信用・イメージ	信用は低い。ただし、最近は個人事業主、フリーランスに好意的になってきている	信用は高い
設立手続き・費用	登記不要。開業届のみで簡単	法人設立の手続きが必要。各種手続きで合計21万～25万円必要
給与の支払	収入から経費を引いたものが事業者の給与となる	毎月、決まった額を役員報酬として支払う。給与所得控除も適用される。給与の支払額によって、個人と、会社で合わせた合計の税額をコントロールして節税が可能。配偶者控除も適用できる
経費の範囲	法人に比べ、経費として認められる範囲が少ない。家族に給与を支払い経費にする場合は届出が必要。具体的には、接待交際費、通信費など	個人事業主に比べ経費として認められる範囲が広い。具体的には、生命保険、出張手当、社宅などの福利厚生など
融資・補助金	融資の審査は法人に比べて通りにくい。借り入れ可能な額も少ない	融資は通りやすく、借り入れの上限額も大きい。金利が低い制度融資も多数。各種補助金の制度あり
申告手続き	提出書類も少なく簡単	提出書類が多く、煩雑
税額	利益が少ないうちは、個人事業主のほうが税額が低い。利益が増えてくると、税率は最大55パーセントまで跳ね上がる。事業所得７００～８００万円が損得判断の目安	利益が少ないうちは税額が高い。利益が高くなってくると法人のほうが税額が安くなる。また、さまざまな節税対策が可能になる
責任	無限責任	有限責任。ただし借入れ等で個人保証を付けてしまうと無限責任になる
その他	公私混同が起きやすい	事業と、個人の給与で明確に、口座や会計が分かれるので公私混同が起きにくい

こんなふうに「法人成り」すれば、いろいろなメリットがありますが、売上が低いときの法人成りは注意が必要です。売上がなくても、法人が支払わないといけない税金がありますし、廃業にもお金がかかるからです。

また、ここ数年で明らかに個人事業主のフリーランスを利用することに対して企業の態度が前向きになってきているので、信用を得るためだけの法人化に、そこまでこだわる必要はないとは思います。ただし、業界の慣習などで、法人格としか取引しないなどの傾向がある業界や企業などもあるようですので、あなたの得意とする分野の業界の傾向を調べたうえで法人成りするかどうかを決めましょう。

利益が増えてきたら「法人化」も視野に入れよう

オフピーク願望

はあ・・・
○○カレンダー
来週中の〆切エグイわ・・・
全部終わるかなあ・・・
ピロリロリン
ピロリロリン
うおっ
お得意先からだ!!
っっ
こんなときに・・・
メニー・プロダクション
鈴木さん
090-XXXX-
・・・というわけで来週中に納品、お願いね!!
ヨ・ロ・シ・ク!!
はいっ、ありがとうございま・・・す!!
受けちゃってる、オレ・・・

先週の自分
めずらしく今週は〆切が少ない。暇そうな友だちもいないし、とりあえず寝るか…!!

仕事ってなんで同じようなタイミングに重なるんだろう…

チッ
オフピークにしてくれよな。

…はっ!!

いかん、いかん!!

忙しいのは自分の都合なわけで、こうして仕事を頂けるのは、本当にありがたいことなんだ!!

今日もがんばろう…!!

ブィーン

エピローグ

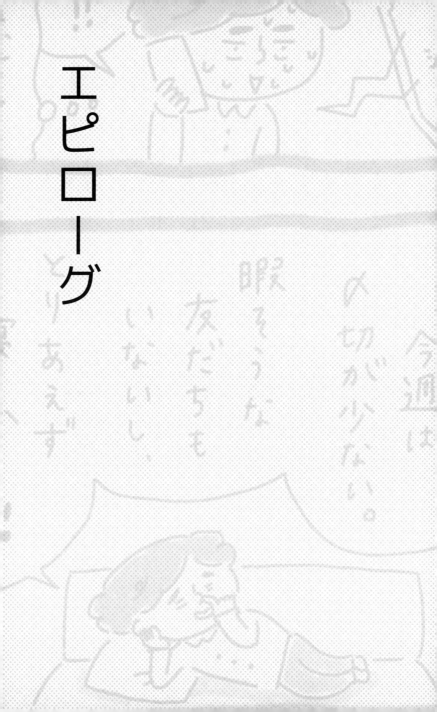

no. 44. 45. 46. 47

フリーランスが「安定して稼ぎ続ける」ために大切な4つのこと

私がフリーランスとして独立した10年前に比べると、今は圧倒的にフリーランスが活躍しやすい時代になりました。

最近フリーランスになったばかり、もしくはこれからフリーランスになりたいという人にとっては、嫉妬を覚えるほどうらやましい時代になっています。その理由は3つあります。

1つ目は、**フリーランスに仕事を発注する企業の態度の変化**です。個人に仕事を依頼することに対して、企業の抵抗感が明らかに減ってきています。

ビジネス環境の変化が早く、短期的な即戦力が求められることが多いことから、企業がフリーランスのようなプロフェッショナルを利用する機会が増えてきています。

2つ目は、**労働人口の低下**です。企業が採用に苦労するにしたがって、必要なタイミングで思うようにプロフェッショナルな技術を持つ人材の採用ができなくなってきています。その意味でも、今まで以上にフリーランスの需要は増していくでしょう。

3つ目は、**ITテクノロジーの発達**です。小規模の事業を運営するためのコストが劇的に下がり、事務作業の手間も激減しています。ネット上で簡単に会議ができたり、確定申告もオンラインで簡単にできるようになるなど、かつては大きな組織でないと導入できない仕組みや、人件費がかかるものがどんどん個人事業主レベルで利用できるようになっています。

このようにフリーランスにとって、現在の世の中の変化は大きな味方になってきています。

ところで、本書のタイトルには「安定して稼ぎ続ける」という言葉を使っていますが、「安定」とはいったい何を意味するのでしょうか。

これだけ社会や技術の変化が早く、流動化の波が激しくなると、自分の周辺を堤防で囲って守るよりも、流動化の波に乗って楽しく動き回ることが、「安定」の新しいスタイルになると私は考えています。

紙幅の都合で本文では書ききれなかった、フリーランスライフを「安定」させ続けるために最も本質的な4つの行動指針について触れて、本書を締めたいと思います。

1　自分の可能性を閉ざさない

「自分の専門はこれだけだから」「私は経験不足だから……」といって、可能性を閉ざさないようにしましょう。何でもやみくもに挑戦するのは無謀ですが、自分が安心できる領域から、常に一歩進み出ていくように心がけましょう。何より新しいことを学ぶ機会を楽しみましょう。

2　「自分なりの楽しい人間関係」のつくり方を知ろう

私は、内向型で人とのコミュニケーションでかなり消耗するタイプです（うつ病のときは壊滅的でした）。そんな私でも、自分なりの距離のとり方で人付き合いを楽しむ方法を見つけられるようになってきました。

フリーランスのストレスの原因の1つとして、「人間関係」という話をしましたが、対人コミュニケーションの達人になれとはいいません。ポイントは「自分なり」というところにあります。自分にとって可能な、無理なく、不快でない、人付き合いの楽しみ方を模索しましょう。

3 尊敬できる人と仕事をする

可能なかぎり、尊敬できる人と仕事をしましょう。それだけで仕事が楽しくなりますし、学ぶ機会も大きく自分の成長するスピードが圧倒的に上がります。今の仕事環境に、残念な人しかいなければ、すぐに環境を変えることをおすすめします。

4 うまくいっているときほど、気を引き締めて次の準備をする

私は、それまでうまくいっていた流れが、どんでん返しで悪い方向に変わるという状況に何度も遭っています。うまくいっているプラスの流れを味方につけることも重要ですが、そんなときこそ気を引き締めて、新しいお客様を探したり、新しい技術を

身につけたりするなど、次の展開への準備を怠らないようにしましょう。

せっかく覚悟を持ってフリーランスになる・なっているのですから、胸を張って自分の選択を誇りに思えるようになってほしい。そんな思いで本書を書き上げました。

最後になりましたが、フリーランス代表としてたくさんのご意見をくださったライターの流石香織さん、本書の企画を提案してくださり、ふわふわしていたアイデアを1冊の本にまでまとめていただいた日本実業出版社の川上聡さんのおかげで、本書が世に出ることになりました。心より感謝を申し上げます。

何よりも、この本が読者のみなさまのお役に立ち、小さな革命の大きな一歩となるよう願っております。

山田竜也

2018年1月

山田竜也（やまだ　りゅうや）
同志社大学哲学科卒業後、3年半の会社員生活を経て、2007年にフリーランスとして独立。フリーランスになった当初は900万円もの借り入れの返済に追われ自己破産寸前になったり、うつ病になって2年ほど実家で療養しながら仕事をしていたりしたこともあったが、稼ぐための仕組みを身につけた結果、現在はずっと1000万円を超える年収を確保している。専門分野は、Webマーケティング。成長スピードの激しいスタートアップや、NPO法人はとくに得意。初期から支援している企業の数社は近々上場予定。コンサルティング、広告運用、Web管理の他、自分の所有するメディアからの広告収入、セミナー講師、著書印税、イベント売上など複数軸の収入を持つポートフォリオワーカーでもある。ペンネームの山田案稜としては、著書に『小さな会社のWeb担当者になったら読む本』（日本実業出版社）他、共著に『世界一ラクにできる確定申告』（技術評論社）などがある。

イラスト
日影工房（ひかげこうぼう）
クリエイターならではのせつなさや怒りをリアルに表現したWebマンガ“クリエイターあるあるin日影工房”の舞台でもあり、仕掛け人集団の名称。多くの共感を呼び、クチコミで発足当月に50万PVを記録。本書のイラストは「もじゃ」、漫画の構成は「きのこ」が担当。
http://www.aruaru.unsung.jp/

フリーランスがずっと安定《あんてい》して稼《かせ》ぎ続《つづ》ける47の方法《ほうほう》

2018年2月1日　初版発行
2018年4月1日　第3刷発行

著　者　山田竜也
発行者　吉田啓二

発行所　株式会社 日本実業出版社　東京都新宿区市谷本村町3－29 〒162-0845
大阪市北区西天満6－8－1 〒530-0047
編集部 ☎03-3268-5651
営業部 ☎03-3268-5161　振　替　00170-1-25349
http://www.njg.co.jp/

印刷／理想社　製本／共栄社

この本の内容についてのお問合せは、書面かFAX（03－3268－0832）にてお願い致します。
落丁・乱丁本は、送料小社負担にて、お取り替え致します。

ISBN 978-4-534-05557-6 Printed in JAPAN